다르고 이상하고 아름다운

다르고 이상하고 아름다운

자연공예가 믹스뚜가 들려주는 나만의 색을 찾아가는 다채로움의 기록

믹스뚜(김민지) 지음

프롤로그

책상 위에 궁금한 것들을 적고, 낮잠을 자다 떠오른 패턴을 종이에 그리던 엉뚱하고 호기심 많은 아이에서,

모서리만 보이면 X, Y, Z 축을 그리며 허공에 점을 찍고 미적분을 하다, 교보문고 구석에 앉아 그림책을 보며 숨을 쉬던 물리학 전공 학생으로,

죽어서 말라버린 식물도 이쁘다고 책상 위에 올려두고, 음악과 움직임에 대한 갈망으로 혼자라도 클럽을 가고, 소설을 읽으며 등장인물들과 수다 떠는 것을 좋아하더니,

다양한 경험에 대한 호기심으로 필리핀, 호주, 미국, 유럽 각국을 거침없이 다녔습니다.

그러다 멈춰서 보니, 지금은 꽃을 다루는 플로리스트이자 자연 공예가가 되어 있네요.

다양한 것들에 호기심이 많았습니다. 다양성 속으로 저 자신을 마구 내던졌고, 그 안에서 제가 어떤 사람인지를 명확하게 알아가길 원했습니다.

나와는 다른 당신, 당신과 다른 나.

그 차이를 마주하며, 당신만의 삶은 어떤 색깔인지 찾아가는 시간이 되길 바랍니다.

2025년 여름의 끝자락에서
믹스뚜(김민지)

프롤로그   4

CHAPTER 1
구름과 카멜레온   12
내 판도라의 상자를 열어준 소설   19
나는 왜 하필 좋아하는 게 많아서   25
물리학과 진학과 함께 물리는 뒷전   32
마이웨이 김민지의 세상을 향한 준비   38
나의 오랜 친구, 건망증과 감정 기복   44
민박 사기로 시작된 첫 유럽 배낭여행   51

CHAPTER 2
필리핀 - 야채 집착   64
필리핀 - 질문 놀이의 시작   71
필리핀 - 사슴벌레와 본능   78
필리핀 - 돈과 행복의 상관관계   82
호주 - 나의 선택은 아니지만 나는 '한국인'   86
호주 - 무지개의 의미   93
호주 - 길에서 만난 백발노인   98
호주 - 한여름, 배 위에서의 크리스마스   104
호주 - 허무주의에서 나를 구해준 책   110
미국 - 힘들다길래 지원했습니다   116
미국 - 불편함의 편리함   121
미국 - 탈수증과 전갈   127
미국 - 영혼의 사진을 찍다   134
미국 - "그런 삶도 있지만 그게 유일한 길은 아니지."   137

CHAPTER 3

과도기 - 날카로운 온기의 답장　146

과도기 - 틀리다 VS 다르다　150

과도기 - "좋은 대학 나오셔서 왜…"　156

과도기 - 소비를 위한 소비　162

프랑스 - 카우치서핑의 세계　168

프랑스 - 왜 프랑스인가, 왜 선진국인가　173

프랑스 - 스타벅스 인연　178

프랑스 - 쓰레기가 아닌 쓰레기　184

프랑스 - 퐁피두센터 광장에 돗자리를 깔고　189

프랑스 - 50장의 자기소개서를 돌리고 현실을 마주하다　194

프랑스 - 멀리선 희극, 가까이에선 비극　199

CHAPTER 4

나의 또 다른 이름, 믹스뚜　208

떠돌이 작업자　212

스스로 만든 장벽　218

꽃꽂이 수업이 싫은 꽃집 사장　223

플로리스트+자연공예가+α　230

'음악'이 부수는 작업의 경계　240

미지의 작업 그리고 다양성　247

에필로그　252

다르고

이상하고

아름다운

CHAPTER

1

구름과 카멜레온

어릴 적 하던 나만의 놀이 두 가지가 있었다.

하나는 유치원을 다닐 때였다. 책상에 엎드려 잠을 잘 때 손등 위로 얼굴을 대고 자다 보면 눈이 한동안 눌리면서 캄캄한 시야에서 반짝이는 별들이 보이기 시작한다. 그렇게 감은 눈으로 보이는 반짝임에 계속 집중하다 보면 이상한 기분에 도달하는 지점이 있었다. 갑자기 현실에서 벗어나 나도 모르는 어느 중간 지점에서 공중 부양을 하고 있는 기분이랄까. 그리고 반짝이는 별들 사이로 질문이 피어오르기 시작한다.

'왜 반짝임이 보이는 거지?'

'이 반짝임을 보고 있는 나는 누구지?'

'나라고 느끼는 나는 뭐지?'

'내가 살고 있는 이 세상은 뭐지?'

계속 질문을 하다 보면 내 몸과 분리되어 제3자처럼 나를 바라

보고 있는 기분이 들었다. 그 오묘한 느낌이 어렸을 때는 흥미로운 놀이처럼 다가와 가끔 혼자 일부러 눈을 누르고 별을 찾아 바라보곤 했다.

두 번째는 중학생 때까지 하던 놀이다. 당시 살던 집 현관에는 신발장 위로 거울이 있었고 거기서 머리를 묶곤 했다. 어느 날 머리를 다 묶고 불현듯 거울에 비친 나를 가만히 바라보게 되었다. 움직이지 않고 거울에 비친 내 두 눈을 집중해서 바라본다. 그렇게 몇 초를 집중해서 응시하다 보면 '분리'가 찾아온다.

'거울 속에 비친 나'와 '비친 나를 바라보는 나' 사이의 이질감. 분명 나라는 사람은 하나인데 두 개로 분리가 된다.

'둘 중 무엇이 진짜 나지?'

'너는 누구지?'

'내가 인지한 이 세상은 가짜인가?'

'저 거울 안쪽이 진짜일까?'

이런 생각이 들며 오싹한 기분이 밀려왔다. 어릴 때는 이 느낌이 신기하고 흥미롭게 다가왔지만 나이가 들수록 자아가 강해져서인지 거울에 비친 나를 무섭게 느끼기 시작했고 이 놀이를 자연스럽게 하지 않게 되었다.

이런 생각과 질문을 나만 하는 것은 아님을 알게 해준 영화가 있다. 너무나도 유명한 영화감독 빔 벤더스(Wim Wenders)의 〈베를린 천사의 시〉다. 주인공인 천사 다니엘은 인간의 삶이 궁금해 불멸의 삶을 포기하고 땅으로 내려간다. 그리고 서커스단의 곡예사인 한 여자를 만나 사랑에 빠지며 영상이 흑백에서 컬러로 바뀌어 간다. 나를 사로잡은 것은 오프닝이었다. 독일어 시를 종이에 써가며 다니엘이 읊조리며 시작된다.

'아이가 아이였을 때 질문의 연속이었다.'
'이 세상에 사는 것은 꿈이 아닐까.'
'왜 나는 나이고 네가 아닐까.'
'왜 난 여기에 있고 저기엔 없을까.'
'시간은 언제 시작됐고 우주의 끝은 어디일까.'
'이 세상에 사는 것은 꿈이 아닐까.'
'보고 듣고 만지는 모든 것이 단지 환상이 아닐까.'

어릴 적 스스로에게 이런 질문들을 하던 모습이 떠올랐고, 누구나 저런 생각을 하는구나 무릎을 치며, 전혀 모르는 독일어로 낭독되는 저 대사가 마음을 편안하게 해주는 음악처럼 다가왔다. 그리고 단순히 대사가 아닌, 피터 한트케(Peter Handke)의 '아이의 노래'라는 시임을, 시인이 감독과 함께 극본에 참여했음을 알게 되었다. 심오하게 생각하며 저런 질문 놀이를 한 것은 아니었으나 본능적으로 '자아'라는 것에 대한 인지와 탐구에 흥미가 있었던 것 같다.

    반면에 고등학교를 입학하기 전까지 갖고 싶은 직업, 소위 말하는 '꿈'이 전혀 없었다. 그냥 친구들과 어울려 노는 것이 좋고, 학교 공부를 잘하고 싶지만 맘대로 되지 않아 스트레스를 받는 평범한 아이였다.

    그렇지만 되고 싶은 '존재'는 있었다. 대여섯 살 정도였을까? 정확한 이유는 기억나지 않지만 엄마에게 혼이 나서 혼자 화장실 변기에 앉아 슬픈 마음을 가다듬고 있었다. 그리고 생각했다.

'다시 태어나게 된다면 그때는 구름으로 태어나야지.'

당시 나에게 구름은 아무 걱정 없이 유유자적 하늘을 떠다니는 존재로 보였다. 인간으로 살아가는 건 너무 신경 쓸 게 많고 감정 소모가 크게 느껴졌다. 그런 소모 없이 멍하니 편하게 흐르고만 싶었다. 어린 것이 무슨 마음이 그리도 힘들었나 웃기기도 하지만 어떤 나이에도 벅찬 고통은 항상 있는 법이니까.

두 번째는 중학교를 입학하면서 가정환경 조사서를 작성할 때였다. 학년이 바뀔 때마다 기입하기 난감한 항목은 '장래희망'이었다. 그때도 되고 싶은 직업이 없어서 그냥 엄마 아빠에게 물었다.

"엄마 아빠는 내가 어떤 직업을 가졌으면 좋겠어?"

"민지가 되고 싶은 거~."

"난 잘 모르겠어…. 그래도 어떤 직업이 좋을 것 같아?"

답을 주실 때까지 그냥 계속 물으니 엄마 아빠가 마지못해 대답했다.

"음… 학교 선생님?"

나는 그 대답을 듣고 장래희망에 '선생님'을 적어 내던 '미래에 대해 별생각 없는 아이'였다. 그러던 어느 날 텔레비전에서 독특한 반려동물로 카멜레온을 보게 되었다. 징그럽게 생긴 듯 독특한 모습에 주변 환경, 기분, 체온에 따라 자신의 피부색을 바꾸는 존재. 한데 아무리 색깔이 바뀌어도 카멜레온임은 변함이 없다는 점이 흥미로웠다. 참으로 유연하고 매력적인 존재가 아닌가? 나도 카멜레온 같은 사람이 되고 싶다고 생각했다. '김민지'라는 사람의 정체성은 굳건하되 주변 환경과 상황에 따라 유연하게 대응하며 숨겨진 다른 성향을 꺼낼 수 있고, 그런 상황을 즐기는 사람을 머릿속에 그렸던 것 같다. 분명 타고난 성향도 있겠지만, 이때부터 무의식중에 '다양성'에 대한 '열린 마음'을 장착한 어린 모험가가 탐험의 때를 기다리고 있던 건지도 모르겠다.

CHAPTER 1

내 판도라의 상자를
열어준 소설

어릴 적 나는 정말 건방졌다. 책을 왜 읽어야 하는지 이해가 되지 않아서 쳐다보지도 않았다.

'내가 알아서 고민하고 선택할 테니 그냥 내버려두세요.'

이런 마인드가 어릴 때부터 있었고, 또 그걸 일찍 스스로 인지했다. 초등학생 때는 엄마와의 약속이자 거래 때문에 억지로 설렁설렁 책장을 넘기며 읽은 척을 했던 것 같다. 위인 전집을 다 읽으면 내가 원하는 걸 사준다는 엄마의 말에 대충 보고 다 읽었다고 하고, 학교에서 내주는 독후감 숙제를 위해 책을 꾸역꾸역 읽고 글을 써서 내던 아이였다. 초등학교 6학년이었을까? 권장 도서 중 하나였던 앙드레 지드(Andre Gide)의 『좁은 문』을 읽고 든 생각은 '아니, 그냥 남녀 간의 사랑 이야기가 왜 전 세계적으로 유명하고 필독서인지 난 이해 못 하겠어!'였다.

지금 생각해봐도 그 어린 초등학생에게 왜 그 책을 읽게 했는지 이해할 수가 없다. 심지어 사촌지간의 사랑에 관한 소설인데 이게 과연 적절한 추천 도서인지 아직도 의문이다. 어릴 적 이런 경험은 더더욱 책 그리고 '베스트셀러'나 '필독서'라는 타이틀에 목매지 않게 만들었다. 높이 평가되는 책이어도 내가 공감할 수 없고, 내가 소화할 수 있는 수준이 아니라면 무슨 소용이겠는가? 그래서 지금도 내가 흥미가 가는 책을 능동적으로 찾아 읽는 편이지 베스트셀러에는 관심이 없다(요즘에는 세상의 흐름을 알기 위해 둘러보는 정도다).

그렇게 중학교에 입학했고 당시에 나는 소설을 읽지 않았다. 나의 삶으로도 이미 벅차서 다른 사람의 이야기와 감정을 들여다볼 여유가 없었기 때문이다. 내 일상을 소화하는 것만 해도 버거운데 왜 다른 사람들의 삶에 대해(그것도 허구적인 이야기를) 알아야 하는지 이해하지 못했다. 내가 감정적 몰입을 잘 하는 성격이어서 더욱 기피했던 것 같다. 나는 책이나 영화를 보면서 등장인물들의 감정에 몰입을 강하게 하는 편이다. 그래서 한번 빠지면 다시 나의 일상으로 돌아오는 데 시간이 조금 걸렸고, 이 때문에 고등학생 때까지는 영화관에서 영화 보는 것을 조금 꺼릴 정도였다. 영화가 끝나고 화장실에서 5분 동안 감정을 다스리다 나오는 일이 빈번했으니 이런 불편한 상황을 피하고 싶었던 것이다.

자기계발서는 '당신이 뭔데 나에게 이래라저래라 하나요?' 하는 생각이 들어 읽지 않았다. 참으로 당돌하고 자만에 빠져 있던 아이가 아닌가 싶다가도, 그때의 나는 그저 '지름길'을 가고 싶지 않았던 것 같다. 다른 사람들보다 늦게 도착하더라도 내가 스스로 고민하고 선택하며 길을 가고 싶었다. 세상과 책이 알려주는 지혜가 정답일 수 있으나, 그건 나의 경험으로 찾은 것이 아니니 나의 것이 아니었다. "돌아보니 정말 바보 같은 선택이었어!"라는 말이

나오더라도 나만의 시행착오로 깨달은 지혜를 쌓고 싶었고, 그것이 '진짜' 나의 삶이라 생각했다. 이런 가치관은 생각보다 빨리 자리 잡혀 있었던 것 같다.

1996년 신도시 일산으로 이사를 오고, 새로운 초등학교로 입학을 하자마자 여름방학 숙제를 제출해야 했는데 그중 하나가 정물화 그리기였다. 학교에 보이는 첫 이미지니 엄마는 숙제를 잘해갔으면 하는 마음에 그림 숙제를 도와주려 하셨고, 열 살의 김민지는 엄마의 도움을 당당히 거절했다. 그때 논리와 결론은 이러했다.

'엄마가 그림 숙제를 도와주면 상을 탈지도 모른다. 당장 코앞만 보면 내게 도움이 되고 좋은 결과겠지만, 나의 실력으로 일궈낸 것이 아니므로 길게 본다면 나에게 득이 되는 것이 아니다.'

진짜 나의 실력을 향상하기 위해서는 지금 좋은 성적을 받지 못해도 내가 직접 그림을 그려서 제출하는 것이 맞다고 생각했다. 이 정도로 매사에 자신의 주관적 판단으로 선택하며 살아가는 아이였다. 어떤 행위를 하는 이유가 머리와 마음으로 받아들여지지 않으면 절대 행동으로 옮기지 못했기 때문에 책은 내게 무관심의 대상이었다.

반대로 동생은 소설 『모모』와 작가 요시모토 바나나를 좋아하는, 밤새 책을 읽는 아이였다. 나는 그런 동생을 신기해했다. 그 결과 동생은 풍부한 어휘와 언어 감각을 획득했고, 나는 이상한 국어 실력을 장착하고 말았다. 오죽하면 대학교 4학년 때, 처음으로 자기소개서를 써서 언어 감각이 있는 동생에게 첨삭을 부탁했는데 첫마디가 이거였다.

"언니, 국어 공부 다시 해야겠다…. 외국인이 쓴 것 같아. 어순이 왜 이래?"

다시 생각해도 웃음이 빵하고 터진다. 하지만 해맑은 긍정주의자인 나는 이에 굴하지 않았다. 다른 사람들의 글을 계속 참고하며 수정을 반복했고 나아지는 글을 쓰려 애썼다. 심지어 이렇게 책을 쓰고 있다니 놀랍지 않은가? 물론 글쓰기 실력이 좋아서 책을 내게 된 건 아니지만 인생은 모를 일.

또 하나의 반전은 성인이 된 후로는 동생이 책을 읽지 않고, 내가 책을 많이 읽게 되었다는 것이다(하지만 조기교육과 타고난 적성의 영향력은 크다. 동생은 여전히 뛰어난 언어 감각의 소유자니까).

다시 어릴 적으로 돌아가보면, 책에 대해 콧방귀 뀌던 내가 자의로 읽은 책 두 권이 있었다.

바로 H.O.T.를 주인공으로 쓴 무협소설 『협객기』와 일본 소설 『링』. 『협객기』는 당시 H.O.T.의 열광적인 팬이어서 읽었고, 『링』은 홍보가 인상적이었는지 신기하게도 영화가 나오기도 전에 소설로 읽었다. 그러다 중학교 3학년 말 연합고사를 보고 고등학교 합격 소식을 받기 전까지 붕 뜬 시간을 보내던 때였다.

당시 일산에서 가장 큰 서점이었던 '정글북'을 갔다가 매대에 있는 베르나르 베르베르의 소설 『개미』를 마주하게 되었다. 무엇에 홀렸었는지 알 수 없지만 책을 슬쩍 들춰 읽어보기 시작했다. 그러다 그 자리에서 세 시간을 앉아 책을 읽게 되었다.

소설 속 이야기도, 나의 모습도 너무나 충격적이었다. 생애 처음으로 시간을 잊은 채 '몰입'을 한 것이다. 당시 내가 아는 소설이란 대부분 사랑 이야기였는데 『개미』는 아니었다. 어릴 적 놀이터에서 보던 개미가 인간을 관찰하고, 인간 또한 개미를 관찰하는 이야기. 그 과정에서 발견하는 놀라운 개미들의 지성과 사회 구조. 10년 넘게 개미를 관찰하며 써내려간 그의 소설은 좁은 시야를 가진 열다섯 살 소녀에겐 천재지변처럼 충격적으로 다가왔다. 더불어 이야기 중간중간에 나오는 '상대적이며 절대적인 지식의 백과사전'의 다채로운 정보들은 나의 호기심을 더욱 더 자극했다. 개미를 소재로 한 과학 판타지 소설 같지만 개미와 인간의 사회를 비교하며 협력과 조화, 자연과의 공존, 기술 발전의 위험성 등 사회적 메시지를 전달하는 철학서에 가까운 매력적인 소설이었다.

이런 어마어마한 소설은 내 안에 있는지도 몰랐던 판도라의 상자를 흔들어 열어버렸고, 주체할 수 없는 '호기심과 몰입'이 흘러나오기 시작했다. 매일 서점 바닥에 앉아 마지막 5권까지 다 읽어버렸고, 나중에 아빠와 함께 서점에 가서 『개미』 전권을 구매했다. 그 뒤로 베르나르 베르베르의 신간을 손꼽아 기다리는 아이가 되었고, 밤 11시면 자는 아침형 인간이 새벽 4시 반까지 책을 붙들고 있었다.

이제 와서 다시 소설을 훑어보니 독특한 시선의 이야기 사이로 다채로운 정보들이 가득하니 중구난방 취향을 가진 나에게 안성맞춤인 책이었구나 무릎을 쳤다. 그리고 소설의 마지막은 나의 미래를 말해주기도 했다. 그 마지막은 이렇다.

손이 책의 마지막 페이지를 펼쳤다.
눈이 왼쪽에서 오른쪽으로 글자를 따라가는
동작을 멈추자 눈꺼풀이 잠시 내려온다.
읽은 것을 새기며 뜸을 들이던 눈이 다시 뜨인다.
낱말들은 차츰차츰 일련의 작은 상으로 변한다.
두개 깊숙한 곳, 뇌 속의 커다란 파노라마 화면에
불이 꺼진다. 이것이 끝이다.
그러나, 모를 일이다. 이것은 단지 하나의…

시작일지도.

제3부 〈개미 혁명〉 끝.

CHAPTER 1

나는 왜 하필
좋아하는 게 많아서

    소설 『개미』를 읽은 후로 나의 인생은 180도 달라졌다. 다른 눈동자를 갈아 끼운 것처럼 세상 모든 것들을 호기심 어린 눈으로 바라보며 고등학교를 입학했다. 이때 호기심이 최고조를 이루던 때여서 혼자 항상 정신없고 바빴던 것 같다.

    막연한 호기심으로 물건을 분해하는 습관이 생겼다. 처음에는 가전제품이 고장 나면 버리기 전에 아빠와 함께 분해를 했다. 이공계 출신이었던 아빠는 옆에서 회로판 위에 어떤 부품들이 있고 역할이 무엇인지 그리고 어떤 원리로 작동하는지를 설명해주셨다 (더불어 분해만 해놓고 뒷정리를 안 하는 내 옆에서 깔끔하게 청소까지 해주셨다). 한번은 CD 플레이어가 고장 나서 잠시 슬퍼하다가 분해해볼 수 있단 생각에 흥분하며 그 비싼 것을 뒤도 안 돌아보고 거침없이 나사를 풀어 분해해버렸다. 이리저리 보다가 시디를 읽는 광학 렌즈를 빼냈고, 그걸로 프린트물을 보고선 눈이 휘둥그레진 경험이 있다. 광학 렌즈로 확대된 모습을 보니 세 가지 색깔의 점으로 표현된 프린트물에 또 한 번 신세계를 마주했고, 어딜 가나 렌즈를 들고 다니며 이것저것 들여다보곤 했다.

그 뒤로는 고장 나지 않은 물건들까지도 분해하기 시작했다. 문제는 분해한 후에 다시 조립하거나 원상 복구가 불가능했다는 것이다. 이기적인 호기심이 솟구치던 때여서 동생이 아끼던 비눗방울 총을 분해했다가 다시 조립을 못해 못 쓰게 되어 울게 만들었고, 멀쩡한 멜로디언이 소리가 나지 않게 되었으며, 저세상으로 보낸 탁상시계가 다섯 개는 되었던 것 같다. 어느 날 문득 궁금해진 시계 내부. 수많은 태엽이 맞물려 돌아가는 모습에 엄청난 희열을 느꼈던 거 같다. 처음엔 다시 조립하겠단 마음으로 태엽을 하나씩 빼냈지만 몇 번 실패하고서 그냥 신나게 분해만 했다(무한 긍정주의의 함정이다).

보이는 것들에 대해 이유를 찾았다. '왜'를 묻기 시작한 것이다.
'물은 왜 아래로 흐를까?'
'맨홀 뚜껑은 왜 사각형이 아니라 원형일까?'
'체온계는 왜 삼각기둥 모양일까? 원형이면 안 되나?'

그냥 길을 걸어가면서도 궁금한 것이 끊임없이 발견되었다. 그런 의문들을 해결하기 위해서 질문할 사이트를 찾다 보니 과학 학습 관련 사이트가 되었고, 일주일에 몇 번씩 게시판에 질문을 올리고, 답변을 확인하는 게 일상이었다. 이런 내가 학교에서 얌전히 있을 리는 없었다. 과학 수업을 들으면서 얼마나 궁금한 것이 많았겠는가. 잘 이해가 되지 않거나 궁금한 것이 생기면 까먹을까 싶어 우선 연필로 나무 책상에 써놓았다가 수업이 끝난 후 교무실로 선생님을 찾아가 질문을 하던 아이였다(내향인이어서 수업 중에 손을 들어 질문을 하던 학생은 절대 아니었다).

그러던 어느 날 화학시간이었다. 처음으로 원자가 양성자와 중성자를 중심으로 전자들이 궤도를 돌고 있는 모습임을 알고선 충격을 받았었다. 충격을 받은 이유는 나의 몸도 이것들로 이루어져 있다는 인지 때문이었다. 이 깨달음에 흥분한 고등학생 김민지는 쉬는 시간에도 그 전율에 빠져 손가락 하나를 위로 치켜들며 "이 손끝에도 전자가 돌고 있어!"라고 말하고 있었고, 친구들은 쟤 또 왜 저러니 싶은 표정으로 덤덤히 옆에 있어줄 뿐이었다.

그렇게 학교에서는 선생님들, 집에서는 아빠의 든든한 울타리 안에서 맘껏 호기심을 표출하며 망아지처럼 살았다.

하나 평생 이렇게 살 수는 없는 법. 대한민국에 태어난 새싹으로서 대학교에 진학해야 했고, 하나의 전공만을 선택해야 했다. 이때부터 나의 스트레스와 고뇌가 시작되었다.

'하나만? 왜?'

당시 관심사들을 나열하자면, 드라마 〈CSI 과학 수사대〉, 심리학과 철학, 점성학, 물리학과 천문학, 바이올린, 트롬본 연주가인 커티스 풀러, 작곡가인 아스토르 피아졸라, 서태지, 자우림, 보석 감정사, 돌고래, 패션, 무용, 다크 초콜릿, 일본 애니메이션 그리고 패턴 그리기였다.

이것들을 하나로 묶을 전공은 절대 없었다. 결국 나는 수많은 관심사 중 '하나'를 선택해야만 했다.

'나는 왜 목숨이 하나인 거지? 아…. 목숨이 한 다섯 개 정도만 있었어도 이런 고통스러운 고민을 하지 않았을 텐데.'

목숨이 다섯 개여서 첫 번째 인생은 그림을 그리고, 두 번째 인생은 물리학자가 되고, 세 번째 인생은 무용수, 네 번째 인생은 보석 감정사, 다섯 번째는 초콜릿 장인이 될 수 있으면 좋겠다고 희망해보았지만 그건 상상, 망상일 뿐이었다. 나는 그저 현생만을 살아가는 개미같이 작은 인간일 뿐, 내가 인지하는 생은 '지금'뿐이었다. 나는 선택해야 했다. 내가 가장 큰 희열을 느끼고 오랜 시간 좋아해온 것이 무엇일까?

어린 시절부터 열여섯 살 때까지를 찬찬히 돌이켜보니 오랜 기간 꾸준히 좋아해온 대상은 미술과 과학이었다. 둘 중 무엇을 선택해야 하나 심각히 고민했다. 내게 미술은 어릴 적부터 즐기던 익숙한 것이었다. 무언가를 보고 또는 떠오르는 패턴을, 때로는 아무 생각 없이 손이 가는 대로 그리거나 만드는 것을 즐겼다. 그러나 미술을 업으로 삼고 싶다는 생각은 없었다. 미술은 그저 내 옆에서 오랜 시간 함께한 친구 같았다.

과학은 예상치 못하게 고등학교를 입학하면서부터 좋아하게 된 과목이었는데, 그 당시 어떤 것보다 나를 가장 뜨겁게 흥분시키는 것이기도 했다. 이렇게 미술과 과학 사이에서 고민하던 중에 같은 반 친구가 미대를 진학하려 하는데 미술학원 상담을 같이 가보지 않겠냐고 했고, 마침 잘됐다 싶어 동행했다.

우선 미대를 진학하려면 어떤 과정들이 필요한지 상담을 받아보았다. 그런데 한국에서 미대에 진학하기 위해선 고등학교 1학년 때부터 준비하는 것도 조금 늦은 편이며, 앞으로 학교 내신은 포기하고 미술입시학원에 올인해야 하는 상황이었다. 그 순간 내 마음에서 올라오는 학교 공부에 대한 욕망을 마주했다. 미술을 좋아하지만 당시 학교 공부에 집중해서 좋은 성적을 받고 싶은 욕심이 있었고, 미대 진학을 위해 이걸 소홀히 해야 하는 현실을 받아들일 수 없었다.

왜 대한민국에선 물리와 미술을 동시에 공부할 수는 없는 걸까? 너무나 괴롭고 슬펐던 열여섯 살 김민지는 그 자리에서 눈물을 뚝뚝 흘렸다. 심지어 대학교를 진학하여 부전공으로 미술이나 물리학을 한다는 것은 불가능해 보였고, 이렇게 만들어진 대한민국의 교육 시스템을 원망했다. 그러다 그 원망의 마음이 나 자신에게 오기도 했다.

'나는 왜 하필! 함께할 수 없는 두 가지를 좋아하는 거야!'

한동안 고뇌에 빠져 있다 드디어 결론을 내렸다. 젊은 시절에는 물리학을 공부하고 노후에 미술을 취미로 배우기로. 미술은 문화센터와 같이 취미로 배울 수 있는 창구가 많으나 물리학을 한 개인이 독학하기에는 많은 어려움이 있어 보였기 때문이다. 그 시대 평범한 열여섯 살에게는 이것이 최선이었다.

그렇게 방향을 정하고 물리를 포함한 과학에만 집중하며 살았다. 단, 스트레스 해소나 휴식의 방법으로 색연필과 마카로 패턴을 그리곤 했다(마음을 결정했어도 창작이란 것을 완전히 나와 분리할 수는 없었던 것 같다). 한번은 학교 쉬는 시간에 엎드려서 낮잠을 자는데 빨간 바탕에 검은색의 한 패턴이 너무나 명확하게 보였고, 신비로운 경험에 놀라 재빠르게 종이에 그린 일도 있었다(그때 그림들은 아직도 소중히 보관 중이다). 때론 종이에 원형을 하나 그려놓고 그 주변으로 다른 원이나 선을 그려 그림을 확장해나가며 창작의 욕구를 조금씩 해소하고 있었다. 물론 과학에 에너지를 더 쓰고 싶단 생각에는 변함이 없었고, 그렇게 '열정적인 물리학도'를 꿈꾸며 고등학교 생활을 보냈다.

그때는 상상도 못했다. 끊어낼 수 없는 미술과 창작에 대한 욕망이 다시 한번 올라올 것이라고는 말이다.

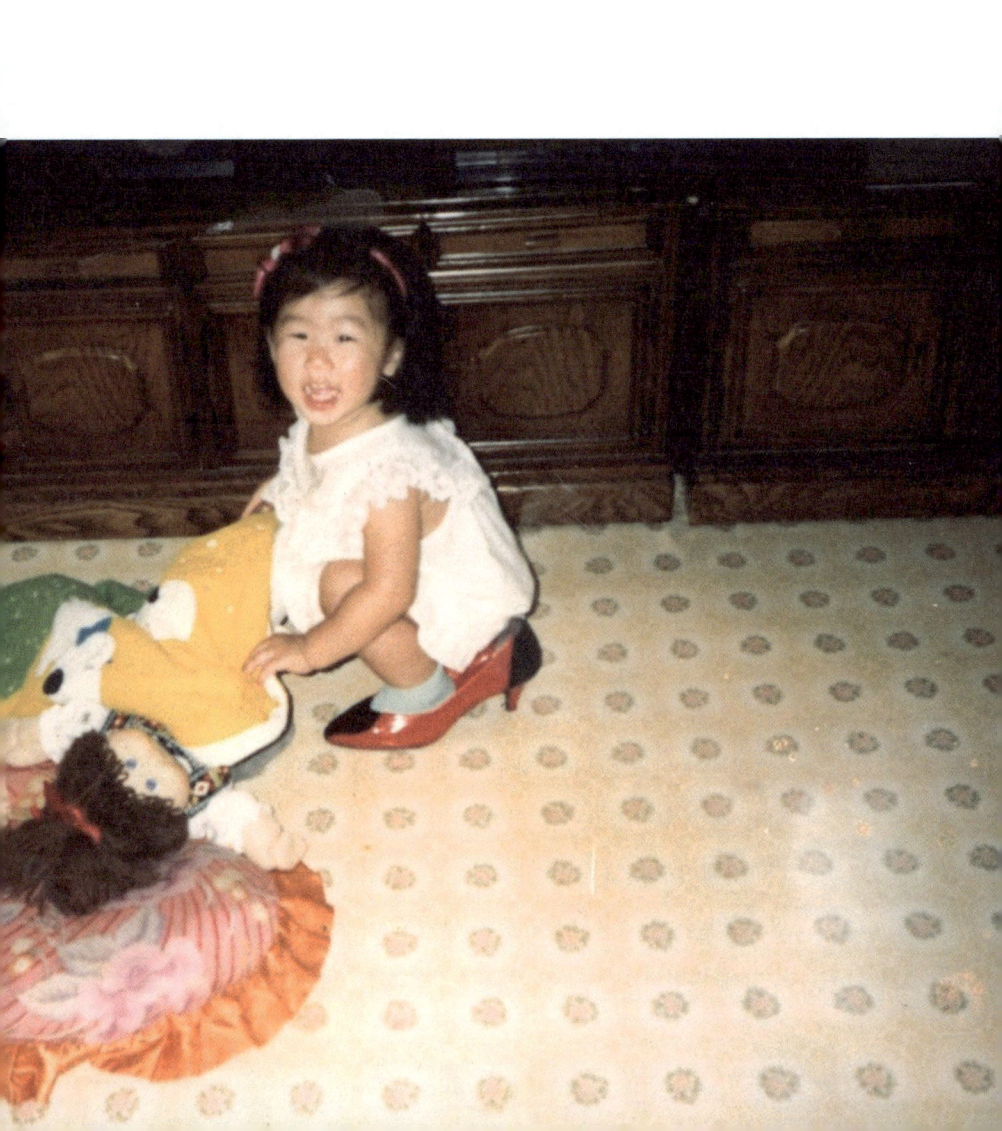

물리학과 진학과 함께
물리는 뒷전

그렇게 남은 시간은 과학에 집중하며 보내겠다 마음을 먹고 고등학교 생활을 보냈다. 크게 물리학과 천문학에 빠져 있었기 때문에 별 관측이나 과학 공개 강의가 있으면 서울이어도 기꺼이 참석했다. 마침 고등학교 3학년 담임선생님이 지구과학 선생님이셔서 궁금한 것이 있으면 편히 물어볼 수도 있었고, 나의 편의를 제법 봐주셨다. 다니던 고등학교가 사립이어서 1학년 때는 저녁 8시까지, 2~3학년 때는 밤 10시까지 의무 자습 시간이었는데 서울로 저녁에 강의를 들으러 가야 할 때는 선생님께 말씀드리면 흔쾌히 자습을 빼주셨다.

그리고 기억에 남는 또 한 분은 바로 물리 선생님이다. 단발머리에 키가 크고 여리여리하신 선생님이셨다. 아무래도 물리에 대한 질문이 많았던 나는 자주 질문을 들고 선생님을 찾아갔었고, 답을 해주시다 청소년을 위한 양자 물리학 책을 빌려주시기도 했다. 그때 양자물리학이라는 것을 처음 접했고, 기존의 과학 개념을 뒤집어엎는 이해되지 않는 설명에 어리둥절하면서도 매료될 수밖에 없었다(대학에서 양자물리학 수업을 들을 때도 여전히 이해는 되지 않았지만 미지의 대상은 언제나 흥미로운 법. 물론, 지금 내 머릿속에 남아 있는 지식은 없다). 어느 날은 물리 수업을 마치면서 선생님이 이런 말씀을 하셨다.

"내가 물리를 공부했고, 가르치고 있지만 과학이 발전하는 것이 긍정적으로 보이지 않고 슬프기도 해."

어린 나이에 그 말을 듣고는 그저 갸우뚱했던 것 같다. 무슨 의미로 말씀하시는 건지 짐작은 했으나 과학에 대한 호기심과 채우고자 하는 열망이 컸던 때라 완전히 이해하지는 못했던 것 같다. 나중에 대학에서 공부를 하며 과학 기술 발전으로 만들어지는 이면을 알게 되고 나서야 선생님의 마음을 이해했다.

그렇게 온 에너지를 과학에 쏟아부으며 보냈던 고등학교 생활을 마치고, 중앙대 물리학과에 합격해 일산에서 흑석동으로 통학을 하기 시작했다. 다채로운 지역에서 온 다양한 친구들을 만나고 새로운 환경에서 또 다른 시작을 하게 된 것이다. 아무래도 고등학생 때와는 천지 차이로 모든 것이 자유로웠다. 내가 선택해서 나의 하루를 만들어갈 수 있는 것이다. 자유가 주어지면서 '새로운 세상과 경험'에 대해 눈을 뜨기 시작했다. 즉, 물리는 뒷전이 된 것이다.

물리학이 싫은 건 아니었다. 물리를 포함한 미적분학 역시 여전히 재미가 있었다. 완벽하게 이해할 수 없는 개념들을 이렇게 저렇게 고민해보고, 그것들을 미적분학이라는 도구를 이용해 증명하기 위해 B4 용지를 가득 채워가며 수식을 전개해나가는 맛은 참으로 짜릿하기도 했다. 그런데 물리학과 진학만이 목표였던가 하는 생각이 들 정도로 입학과 동시에 다른 것들에 대한 호기심이 폭발해버렸다. 역시나 김민지의 변덕이 다시 얼굴을 든 것이다.

영화는 기본이고(아마 이때가 인생에서 영화를 가장 자주, 많이 보던 때가 아닐까 싶다), 미술 전시, 모터쇼(자동차의 라인을 보는 것을 좋아했다), 뮤지컬과 연극, 콘서트 등 문화생활은 두루 즐겼고, 대학교 친구들뿐만 아니라 더 광활한 범위의 사람들을 만나는 활동까지 영역을 넓혀갔다.

그 시기에 한창 싸이월드가 유행이었는데, 호기심으로 싸이클럽 활동을 시작했었다. 당시 나는 오래된 자동 필름 카메라로 사진을 찍고 다녔고, 이 행위를 통해 익숙한 일상에서 '낯선 보물'들을 발견하며 카메라에 흥미를 갖게 되었다. 그러다 유행하던 DSLR을 구매한 후 싸이클럽 내 카메라 동호회 활동을 시작한 것이다. 대학교를 벗어나 다채로운 나이대와 직업군을 만나게 되었고, 학교 친구들과는 또 다른 인간관계를 맺을 수 있었다. 더불어 몇 번의 해외 경험 이후로 습득한 영어 실력을 유지하기 위해 영어 회화 스터디 '컬컴'에서 리더로 활동하기도 했다.

역시나 김민지의 변덕이 다시 생기를 찾아 요동치기 시작한 것이다. 그런데 나는 그 변덕을 거부하고 싶지 않았고, 오히려 목줄을 풀어 자유롭게 두고 싶었다. 이때가 아니면 변덕을 맘껏 부릴 수 없을 것 같았기 때문이다. 내 주변에는 항상 언니 오빠들이 많았다. 서른 전후의 인생 선배들이었고, 이들의 삶을 통해 내 앞에 펼쳐질 수 있는 자연스럽고 가능성이 높은 삶의 모습을 예측할 수 있었다. 대부분 과도한 업무에 치여 영양제에 의존해 하루하루를 버티거나, 피곤한 회사 생활을 편하게 하기 위해 다른 인격으로 살아가거나, 안정적인 일을 찾지 못해 경제적 스트레스를 받거나, 결혼 잔소리에 초탈하거나, 해외여행으로 열심히 일한 자신을 달래는 등 바쁜 삶에 묶여 끌려다니는 것 같았고, 그런 모습은 삶에 대한 만족도가 그리 높아 보이지 않았다. 물론 그들을 비하하는 것은 아니다. 각자의 최선으로 만들어진 인생이니까. 그저 그런 모습이 내가 원하는 삶이 아니라는 것을 알았고, 내가 어떤 사람이고 어떤 삶을 추구하는지 더 정확하게 알기 위해서 더 많은 경험이 필요함을 느꼈다.

대학생인 지금이 아니면 시간을 마음대로 누릴 수가 없고 나이가 들수록 한국 사회에 더 속박되기 쉬움을 깨달았다. 행동하지 않아서 생기는 '미련'이라는 감정을 불편해하는 성격이기에 지금 누릴 수 있는 자유를 맘껏 누리기로 다짐했다. 미련 남을 일을 왜 만드는가? 내가 한 선택으로 인해 예상하지 못한 또는 만족스럽지 않은 결과가 나왔다면 과거의 나는 거기까지밖에 보지 못하는, 그 정도의 그릇이었던 거다. 어쨌든 나는 내 그릇대로 최선을 선택한 것이고 말이다.

그리고 사람 죽으란 법 없다. 너무너무! 하고 싶으면 하면 된다(물론 하나를 얻기 위해선 하나를 희생하거나 놓아줘야 할 때도 있다). 내 자유 의지로 선택해야 이후에 어떤 결과가 펼쳐져도 억울할 일은 없지 않겠는가? 그래서 과감히 물리는 잠시 뒤로 미루고 다른 것들에 성실히 눈을 돌리고 뛰어들기 시작했다.

마이웨이 김민지의
세상을 향한 준비

한 번에 두 가지에 집중하기 힘든 기질을 타고났다. 온전히 나에게만 집중하거나 상대방에게만 집중하거나, 둘 중 한 가지 모드만 가능했다. 대학교를 들어가기 전 학창 시절의 내 모습을 보면 친구들과 어울려 노는 것을 좋아했지만 혼자 시간을 잘 보내는 아이였고, 친구들에게 놀자고 먼저 연락을 하는 편은 아니었던 것 같다(심지어 휴대전화도 친구들보다 늦게 산 편이라 더 연락을 하지 않았다). 즉, 친구들과 사이좋게 잘 지내면서도 명확하게 내가 하고 싶은 것이 있으면 개의치 않고 무리에서 벗어나 혼자 시간을 보내는 '마이웨이'였다. 한번은 이런 적이 있었다. 시험 전날 학원에서 친구들과 자습을 하고 있었는데 집중이 너무 되지 않았다. 뭔가 모를 이 답답함을 해소하지 않으면 앞으로 전혀 공부가 되지 않을 것 같았고, 효율성이 너무 떨어질 게 눈에 훤했다. 그래서 결정했다. 노래방에 다녀오기로. 하하하. 친구들에게 말했다.

"나 집중이 힘들어서 안되겠어. 노래방 다녀올게."

당연히 친구들의 눈이 휘둥그레졌다.

"혼자 가겠다고?"
"응!"

지금이야 코인 노래방이라도 있어서 혼자 가는 것이 이상해 보이지 않지만, 그 옛날에 고등학생이 혼자 노래방에 가는 경우는 극히 드물었기 때문에 다들 순간 놀라는 모습을 감추지 못했다. 결국 친구들 또한 유혹당해 나와 같이 노래방에 가게 되었다. 사교적인 성격인 듯하지만 결정적인 순간에는 마이웨이 김민지였다. 이랬던 내가 대학교를 입학하면서 다채로운 지역과 연령 그리고 직업군의 사람들 속에 있게 되었으니 성격에 변화가 생기고 사회적 기술을 습득해야만 했던 것이다. 바로 그런 때에 우연히 서점에서 책『카네기 인간관계론』을 마주하게 되었다.

소설『개미』를 읽은 이후로 책에 대한 거부감이 사라졌고, 반짝이는 눈으로 자기 계발서는 물론이고 다양한 분야의 책을 거침없이 읽던 때였다(책 취향의 흐름은 분명 있는 것 같다. 한 사람의 시선과 생각은 끊임없이 변화하지 않던가? 나중엔 자기 계발서에 회의감이 들어 더 이상 읽지 않게 되었다). 신기하게 고등학생 때부터 철학과 심리학에 관심이 있었기 때문에『카네기 인간관계론』에 거부감은 없었다. 더 나은 인간관계를 위한 조언이 담긴 책이지만 결국엔 인간의 기본적인 심리에 대해 이야기하기 때문이었다. 읽으면 읽을수록 무릎을 치며 "맞아!"를 외치는 일이 많았고, 모호하게 느끼던 것들이 명확하게 정리되는 기분이었다. 그리고 이를 실생활에서 바로 적용해볼 수 있는 상황도 자주 생겼다.

대학 시절에 싸이클럽 카메라 동호회에서 회원 관리를 하는 운영진을 맡았고, 영어 회화 스터디에서는 수업을 기획하고 이끄는 리더 역할을 했으며, 홀로 해외를 나가는 경험을 통해 끊임없이 새로운 사람들을 만나는 상황 속에 나 자신을 내던지고 있었다. 책에서 말하는 논리와 조언을 바로 적용하며 피드백을 확인할 수 있었다.

카메라 동호회는 만들어진 지 얼마 되지 않았고, 나는 초기 멤버로 활동하면서 어느 순간 회원 관리를 맡는 운영진이 되어 있었다. 동호회 내 위치가 있다 보니 대표 운영자와 회원들 사이에서 양쪽 이야기를 들으며 전달하고 조율하는 역할을 해야 했다. 심지어 새로운 회원들이 유입될 때마다 내가 가장 먼저 인사를 하고 이야기를 나눠야 했다. 사진과 카메라라는 공통 관심사가 있었지만 가지각색의 성격과 직업군, 나이, 성별을 가진 불특정 다수와 끊임없이 마주해야 했다. 먼저 어떤 이야기를 어떻게 꺼내야 할지 고민하고 반응과 답변을 통해 어떤 사람인지 파악한 뒤, 그에 맞춰 나를 다시 한번 세팅해야 했다(이렇게 말하니 다중인격자 같지만 사회화 과정이라 말하고 싶다). 이런 작업을 『카네기 인간관계론』에서 읽은 사실들을 토대로 꾸준히 시도했다. 그 내용을 정리하면 이렇다.

인간관계를 잘 맺는 6가지 방법

1. 다른 사람들에게 순수한 관심을 기울여라.

2. 미소를 지어라.

3. 이름을 잘 기억하라.

4. 경청하라.

5. 상대방의 관심사에 대해 이야기하라.

6. 상대방으로 하여금 중요하다는 느낌이 들게 하라. 단, 성실한 태도로 해야 한다.

참으로 당연하고 단순하지 않은가? 그렇지만 대화할 때 이것들을 인지하며 시도하는 것은 생각보다 어려웠다. 여섯 개를 한 번에 다 기억하고 시도하는 것이 벅차게 느껴져서 나는 인간의 한 가지 특징에만 집중했다.

'세상 사람 모두 자기가 원하는 것에만 관심을 갖고 있다. 이야기하고 있는 사람은 당신이나 당신의 문제들보다 몇백 배 더 그들 자신의 소망과 문제에 대해 관심을 갖고 있다는 사실을 명심해야 한다.'

내 앞에 앉아 있는 사람은 결국 '자기 자신'에게 관심이 가장 많다. 관심을 받는 것을 싫어하는 사람은 없는 것이다. 그리고 자신에 대해 충분한 관심을 보인 사람에게만 관심을 갖게 되는 것이 우리, 인간이다. 물론 모든 사람에게 적용되는 진리는 아니다. 끝까지 자기 이야기만 하며 관심받기만을 원하는 사람도 있다. 경험치가 쌓이다 보니 이런 부류의 사람들을 만나면 빨리 선을 긋고 도망친다. 한정적인 나의 에너지와 인생을 엉뚱한 곳에서 소모하고 싶지 않기 때문이다.

이와 같은 공식은 영어 회화 스터디에서도 그대로 적용되었다.

스터디는 영어에 대한 배움과 열린 마음이 있는 불특정 다수가 오는 곳이었다. 스터디에 오는 사람들이 어떤 사람들인지 파악하고 있어야 했고, 이들을 하나로 이끌 수 있는 수업 기획과 진행이 필요했다. 이 또한 『카네기 인간관계론』을 바탕으로 끊임없이 연습했다. 당시에는 사람을 만나는 것도 워낙 좋아했기 때문에 '일'이 아닌 '놀이'라고 생각하며 카메라 동호회와 영어 스터디에 참여했는데 돌이켜보니 마냥 그렇지도 않았던 것 같다. 재미나게 뒤풀이를 하고 집에 가는 길에 버스를 타면 스니커즈 초콜릿 하나를 게눈 감추듯 뚝딱 먹어치웠던 기억이 있는데, 아무래도 소모된 에너지를 충전하기 위함이었던 것 같다(결국 나는 내향인인 것이다).

대학교 입학과 동시에 나의 20대는 사람과 어떻게 어울리는지에 대한 훈련의 연속이었다. 그리고 그런 시간 덕분에 많은 사람들과 어울리며 예측할 수 있는 보편적인 삶의 흐름을 보기도 하고, 때론 상상할 수 없는 다채로운 삶을 간접 체험하는 기분이 들기도 했다.

하지만 무엇이든 양면이 있지 않은가? 인간관계에 대해 회의감이 들며 어떻게 해야 할지 모르겠는 시기도 있었다. 책에서 알려준 대로 사람과 관계를 맺다가 부작용을 마주한 것이다. 상대방 입장에 맞춰주다 보니 나라는 사람을 잘 표현하지 않았고, 모든 것을 좋게 생각하며 넘어가자는 태도가 지속되며, 무의식중에 불편한 감정들을 쌓아두고 있었다. 그러다 그 감정이 폭발하는 사건이 있었고, 무언가 잘못되었다는 생각이 들었다.

'아, 나는 지금껏 상대방과 나 자신에게 거짓말을 하고 있었구나…!'

'대화' 그리고 '관계'라는 것은 한 사람만 존재해서는 이루어질 수 없다. 상대방을 향한 존중이 있다면, 동시에 나 자신에 대한 존중도 있어야 한다. 상대방의 생각과 감정을 잘 들어주고 헤아려주는 자세와 더불어 나의 생각과 감정을 제대로 이해하고 표현하려는 노력 또한 필요했던 것이다. 나는 20대 대부분의 시간을 나의 의사보다는 상대방 의사에 맞추며 보냈고, 내향적인 성격이라 이 부분이 쉽게 바뀌지는 않았다. 그래서 지금까지도 여전히 훈련 중이다. 타인과 좀 더 건강한 관계를 맺기 위해 나와의 관계를 재정립하는 것이다. 타인에게 하듯이 나의 생각과 감정을 경청하는 것부터 시작하고 있다. 그리고 언젠가는 나와 타인과의 건강한 관계를 지혜롭게 만들어가는 어른이 되어 있길 꿈꿔본다.

나의 오랜 친구,
건망증과 감정 기복

    나는 건망증이 심한 편이다. 어느 정도냐면 고등학생 때 이미 건망증으로 약속을 중복해서 잡아 스케줄러를 사용하기 시작했고, 1년 전 같은 반이었던 친구의 이름조차 제대로 기억하지 못했다. 최근 일도 기억을 못하는 나를 보고선 엄마는 아무래도 어릴 때 그네를 타다가 떨어진 것 때문이라고 말하곤 하셨다.

    유치원 시절, 활동적이고 매사 에너지가 넘쳤는데 그중에서도 그네 타는 것을 (지금도) 참으로 좋아라 했다. 문제는 힘이 좋아서 열심히! 높이! 탔다는 점이었고, 그러다 그네에서 떨어진 사건이 있었다. 그네 뒤편에는 돌로 된 담벼락이 있었고 순간 힘이 빠졌는지 그네 뒤쪽으로 빠져 날아가 벽에 머리를 부딪쳤던 것이다. 그날 일을 나는 잘 기억하지 못하지만, 이후 몇 번 더 그네에서 떨어진 후로 고소공포증이 생겨 스무 살 때까지 높은 곳은 잘 가지 않고, 그네도 타지 않았다(지금은 고소공포증이 없어졌고, 다시 그네를 온 힘을 다해 힘차게 타며, 스카이다이빙도 해버렸다). 여하튼 그 일로 인해 기억력이 감퇴한 거라고 엄마는 진지하게 말씀하시고 나는 그 모습에 웃어버리곤 한다.

물리학을 선택하게 된 이유도 사실 건망증과 관련되어 있다. 김 빠지는 이야기겠지만 단순히 외워야 할 것이 적어서 선택했다. 과학을 두루두루 좋아하는 상황에서 이과를 선택해 고등학교 2학년을 올라갔고 첫 모의고사 때 과학 선택 과목 네 개 중 하나를 골라서 시험을 봐야 했다. 공식 몇 개를 알면 풀 수 있는 과목인 물리가 나을 거라 판단했고, 그걸 시작으로 별 생각 없이 자연스럽게 물리를 계속 선택했다. 그리고 공부를 할수록 적성에 맞는 선택임을 알았다. 화학, 생명과학 그리고 지구과학 모두 외워야 할 것투성이였다. 별 관측을 하러 가고, 미지의 세계인 우주도 참으로 좋아했지만 물리에 비하면 지구과학은 외울 것이 너무나 많았다. 그렇게 물리에 스며들었고, 핵심적인 공식과 원리 그리고 수학이라는 도구를 통해 문제를 풀어가는 과정에 재미를 느꼈다. 더불어 정해진 '하나의 답'을 향해 가는 그 과정을 좋아했던 것 같다. 그 답에 도달하는 길은 조금씩 다를 수 있으나 며칠을 고민하다 보면 결국 하나의 정답에 도착하는 점이 안정감과 희열을 주었던 것이다(지금은 정해진 답이 없는 나만의 답을 창조하는 일을 하고 있단 사실에 인생은 역시 알 수 없는 묘한 매력의 흐름이구나 싶다).

그렇게 계속 물리를 좋아했고, 대학 원서를 쓸 때도 모조리 물리학과만 지원했다. 대학교 합격 문자를 받던 날이 아직도 생생하다. 첫 번째 지망 학교였던 한양대는 이미 불합격 소식을 들었고, 친구들과 서울에서 놀던 중에 중앙대 물리학과 합격 소식 문자를 확인하게 되었다. 합격 문자를 보고 든 생각은 이거였다.

'와우, 이 기억력으로도 대학에 갈 수 있구나.'

나 자신과 삶의 흐름에 신기해했다. 그리고 졸업할 때도 같은 생각을 했다.
'와우, 이 기억력으로 대학 졸업까지 할 수 있구나.'

지금도 기억력은 향상되지 않았다. 저녁에 내게 오늘 아침에 뭐 했는지 물으면 바로 답을 못한다. 그날 아침마저도 벌써 일주일 전 일처럼 느껴져서 순간 바로 떠올리지 못 한다(왜 이렇게 느끼는지 아직도 미스터리다). 대신 이 기억력을 보완할 방법을 찾은 것이 바로 메모하는 습관이다.

고등학교 3학년 때 본격적으로 스케줄러를 사용했다. 학교와 학원, 독서실을 다니는 게 전부였던 때, 작은 수첩에 매일 시간별로 공부할 것을 포함해 계획표를 세우며 기억해야 할 것을 같이 적었다. 그리고 지금까지도 스케줄러와 메모 그리고 일기를 적고 있다. 디지털로 넘어가고 싶었으나 타고난 기질이 아날로그인 듯하다. 여전히 종이에 적고 있으며 쌓여가는 종이에 때론 버거움을 느낀다(그런데 이렇게 글을 쓰다 보니 기억을 다 잊는 것은 아닌 것 같다. 그저 머릿속 저 멀리 깊은 곳에 보관해두는 것일 뿐).

대학을 입학한 후로는 요동치는 감정 기복과의 전쟁이었다. 곰곰이 생각해보니 어릴 적부터 있던 기질이었다. 중학생 때, 토요일 저녁만 되면 이유 없이 슬퍼지던 때가 있었고, 고등학생 때는 낮은 이과 진학률에 한국의 미래를 걱정하며 눈물을 글썽거리다 다음 수업 시간 이후론 급 기분이 좋아져서 복도를 폴짝폴짝 뛰어다녔던 기억이 있다.

이렇게 자주 변화하는 기분 때문에 힘든 건 나 자신이었다. 그

래서 스스로를 다그치거나 달래가며 속으로 나 자신과 대화하는 일이 많았고(그래서 혼잣말이 많은 것 같다) 고등학교를 졸업하면서부터는 감정을 해소하기 위해 일기를 쓰기 시작했다. 당시 정확히 인지하지는 못했으나 나 자신과 진솔하게 대화할 수 있는 중요한 방법이었다.

감정적으로 굉장히 예민하기도 하지만 상황을 바라보는 자세는 냉정하기도 했다. 일기를 쓰다 보면 처음에는 당시 강렬한 감정들을 쏟아내지만 결국엔 제3자처럼 상황을 객관적으로 보고 분석하게 된다. 내가 왜 기분이 다운되었는지 분석하다 보면 결국 아주 사소한 것이라도 이유가 있었다. 물론 분석이 완료되었다고 해서 갑자기 나의 예민한 감정 기복이 사라지는 것은 아니었다. 알아도 나의 감정과 몸이 반응하는 것은 어쩔 수 없었고, 그저 반응이 올 때마다 크게 당황하지 않고 어떻게 달래줘야 할지 여러 가지 방법을 시도하는 것이 최선이었다.

그런 방법 중 하나는 초콜릿 먹기였다. 어릴 적부터 초콜릿을 좋아했고, 고등학생 때 이미 다크 초콜릿에 눈을 떴으며 가끔씩 제과점에 들어가 수제 초콜릿을 두세 개씩 사먹고, 포장지를 수집하며 맛을 기록하곤 했다. 그래서 이루고 싶은 꿈 중의 하나가 전 세계에 있는 초콜릿 다 먹어보기였는데, 대학생 때 유럽 배낭여행 중에 카카오 100퍼센트 초콜릿을 먹어보곤 크레용 같은 충격적인 질감과 맛에 바로 뱉어버렸다. 이후로 새로운 초콜릿에 대한 호기심이 사그라들며, 한동안 스니커즈 초콜릿만 즐겨 먹는 사람이 되었다.

어쨌든 그래도 나를 달래주는 것은 초콜릿이었고, 기분이 유난히 처져 있을 때는 하루 종일 초콜릿만 먹었다. 편의점에서 파는 초콜릿이 들어간 과자부터 배스킨라빈스의 초콜릿 아이스크림, 카페에서는 아이스초코나 초코케이크 등등. 그렇게 미친 아이처럼(미친 게 맞는 것 같기도 하다) 종일 초콜릿만 먹다 보면 그런 내 모습에 어이가 없어지면서 웃음이 나고, 미미하겠지만 초콜릿이 세로토닌 형성에 도움을 주었을 거라 생각한다. 하지만 매번 이 방법을 쓸 수는 없었다. 기분이 우울해지는 주기가 평균 일주일이었던 때도 있었는데, 일주일에 한 번씩 초콜릿만 먹었다면 속은 불편하고 카페인은 과다 섭취하게 되니 건강에 좋을 리가 없었다.

친구들과 노래방을 가는 것도 좋은 방법이긴 했으나 이 방법 또한 본질적인 문제에 직면하는 것은 아니었다. 그 순간의 감정을 누그러뜨리고 달래기만 할 뿐이었고 진정으로 나의 문제를 직면하는 것은 아니었다. 결국엔 '일기 쓰기'가 나와 가장 '솔직하게' 대화하는 방법임을 알았다(버스를 타거나 걸으면서 멍하니 풍경을 바라보며 이동하다 보면 머릿속으로 일기를 쓰는 기분이 들어 이 방법도 자주 애용했다).

지금까지 써온 일기들을 쭉 살펴보니 패턴이 있었다. 우선 감정을 마구 쏟아낸다. 다음엔 현실을 객관적으로 분석하고 내가 '바꿀 수 있는 것'과 '바꿀 수 없는 것'을 정리한다. 이후에는 내가 바꿀 수 있는 것에 집중하며 그것을 실행할 수 있도록 스스로를 믿고 응원한다. 물론 이 또한 몇 번 한다고 해서 나의 습관과 기질이 바뀌는 것은 아니나 나를 있는 그대로 받아들이고 다루는 요령을 터득하게 되는 것 같다. 더불어 과거의 내 모습을 통해 용기를 얻기도 한다. 유난히 힘이 빠지는 날에 지난 일기를 들춰보던 때가 있었는데 그때 알았다. 나의 타고난 기질이 '긍정주의'라는 것을. 어떤 일이 있어도 일기의 마지막은 항상 나를 응원하고 사랑한다고 마무리를 지었다는 것을. 그래서 더 일기를 쓰게 되었다. 지금의 내가 미래의 나에게 큰 힘이 될 것임을 알기 때문이다.

CHAPTER 1

민박 사기로 시작된
첫 유럽 배낭여행

대학 생활 동안 누구보다 나와 가장 많은 시간을 보낸 절친이 있다. 항상 수업을 같이 들었고, 항상 영화와 전시를 함께 보러 다니며 가장 많은 대화를 나눈 친구. 둘이 가까워질 수밖에 없던 이유는 둘 다 빵과 커피를 좋아했고, 구두를 신지도 치마를 입지도 않았으며, 화장도 하지 않았고, 문화생활에 집중하는 털털 그 자체 여대생이었기 때문이다. 더불어 막연히 유럽 배낭여행에 호기심이 있던 차에 친구가 먼저 여행을 제안했고, 나는 덥석! 물어 오케이를 외쳤다.

1학년에 입학한 지 얼마 되지 않았을 때였고, 2학년 여름 방학 때 40일간 가는 것으로 정한 뒤 각자 동네에서 아르바이트를 하며 여행 자금을 모으기로 계획했다. 내 생애 처음으로 아르바이트를 구하기 시작한 것이다. 2004년, 빵집이라 하면 파리바게뜨나 뚜레쥬르가 전부였던 시절. 일산에는 큰 제과점 '피터 팬'이 있었다. 당시 보기 힘든 개인 빵집이었고, 빵과 케이크를 포함한 고급 구움 과자와 쿠키, 수제 초콜릿과 아이스크림 모든 것을 자체 생산하던 곳이었는데, 여기서 첫 아르바이트를 시작하게 되었다. 그리고 운명적으로 나의 '빵에 대한 사랑'은 깊어졌다.

아르바이트를 시작하고 일주일 동안만 빵 굽는 냄새가 역하게 느껴지고 그 이후로는 아무렇지 않게 되며 더 맛있게 느끼기 시작했다. 무엇보다 빵집 알바의 특권은 모든 것을 맛볼 수 있다는 점! 금방 나온 쿠키는 한 김 빠지고 나면 포장을 하는데 그때 하나씩 맛보고, 굽다가 함몰된 따끈한 치즈케이크를 퍼먹고, 생전 처음 보는 아이스크림 기계에서 아이스크림을 하나씩 뽑아가며 포장을 하다 맛보기까지. 정말 금방 나온 맛있는 빵을 먹기 위해서 일하고 있는 기분이었다(심지어 일을 그만둔 후에도 금방 나온 빵이 먹고 싶어서 다시 일해야 하나 고민을 할 정도였다). 그렇게 먹을 복 터진 곳에서 방학 때는 평일, 학기 중엔 주말 알바를 하며 돈을 모았고, 드디어 생애 처음으로 친구와 해외여행을 가게 되었다.

여행이 며칠 안 남은 어느 날 새벽, 자고 있는데 친구에게 전화가 왔다. 잠결에 무슨 일이냐고 물었더니 친구가 난리가 났다. 당시 우리는 왕복 비행기 티켓과 오래 머무는 일정의 대도시 숙박만 예약하고 선입금까지 마친 상태였다. 첫 도시는 영국 런던이었고, 여행을 시작하는 도시라 한인 민박으로 안전하게 예약을 해놓은 상태였는데, 그 민박집이 사기를 치고 도망가버린 게 아닌가! 유럽 여행 정보를 얻는 카페에서 친구가 이 소식을 발견하고 새벽에 전화를 한 것이다. 다행히 둘 다 성격이 긍정주의에 털털한 편이라 돈은 날렸지만 도착해서 아는 것보다 가기 전에 알아서 다행이라며 받아들이고, 다시 숙소를 찾아 예약했다.

그리고 드디어 출국 날! 둘 다 첫 해외여행이라 부모님과 함께 공항에 왔고, 양쪽 부모님들도 서로 인사를 나누었다. 수속 절차를 밟기 위해 발권을 하러 갔는데 여기서 또 사건이 발생했다. 이메일로 받은 예매권을 출력해서 갔는데 거기에 표기된 비행시간과 실제 시간이 달랐다. 이번에도 천만다행이었던 것은 실제 출발 시간이 우리가 알고 있던 시간보다 뒤였기에 비행기를 놓친 것은 아니었다. 지금 생각해봐도 어떻게 이런 일이 일어난 건가 싶지만 안도하며 웃어넘기고 여유 시간에 다 함께 식사를 하며 화기애애하게 보냈다.

시작부터 사건들이 터진 첫 해외여행. 한데 이때 액땜을 나름 귀엽게 한 건지, 40일을 여행하는 동안 정말 사건사고가 없었다. 그 흔하다는 소매치기를 당하거나 목격해본 적도 없었다(운이 좋았던 것도 있지만 친구도 나도 후줄근하게 다녀서 소매치기범들의 목표 대상에서 제외된 것 같기도 하다). 그렇게 시작된 유럽 배낭여행! 공항에서 이미 멘탈이 한 번 털렸지만 영국으로 가는 비행기에서 충전을 마치고 안정감을 되찾았다.

첫 도시는 영국 런던이었고, 다시 찾아 예약해둔 한인 민박집에 머물렀다. 첫날 밤 잠을 자려는데 기분이 이상해서 잠이 잘 오지 않았다. 한국과는 다른 일몰 시간과 냄새 그리고 소리. 가족이 없는 낯선 이곳에서 잠을 청하려 하니 모든 게 이질적이었다. 익숙한 것들에 대한 그리움, 변화에 대한 두려움이 순간 올라왔던 것이다.

'아 한국에 있을 때가 좋았구나.'

이런 생각이 절로 나며 여행을 온 게 잘한 일인지 확신이 들지 않았다. 하지만 적응력 하나는 타고난 김민지 아닌가. 다음날 음반 가게를 가고선 행복감에 젖어 이성을 잃었다. 당시 한국에서는 볼 수 없던 청음 시스템이 있었다. 어떤 앨범이든 청음 시설에 가져가서 바코드를 찍으면 음악을 들을 수 있는 것이다! 음반 개수도 방대한데 다 들어볼 수 있다니!

고등학생 때 가끔 친구들과 광화문 교보문고를 가면 이성을 잃었다. 첫 번째로 가판대 위 책을 하나씩 들춰보며 이 코너 저 코너를 다니고, 두 번째는 음반 가게에 들어가 청음할 수 있는 앨범들을 듣다 보면 내가 친구들과 같이 왔다는 사실을 잊고 혼자 온 것처럼 자유롭게 다녔다. 몇 시간을 친구들은 잊은 채 음악과 활자의 바다에서 헤엄쳐 다녔고, 항상 결말은 친구들이 나를 찾아 헤매는 엔딩으로 끝이 났다.

이런 나였으니 런던 번화가의 음반 가게에서 얼마나 행복감을 느끼며 이성의 끈을 놓았겠는가. 그곳에서 더 행복감을 느꼈던 이유는 내 인생 곡이 담긴 앨범을 만져보고 들어볼 수 있었기 때문이었다. 한국에서는 찾을 수 없는 앨범이라 그 발견이 너무나도 짜릿했다…! 그 앨범은 바로 얌비코(Lyambiko)의 〈Out of This Mood〉였다. 그중에서도 〈Chega de saudade〉라는 곡을 아주 많이, 오랫동안 애정해왔다. 죽기 전에 이 곡을 꼭 불러보겠다는 다짐을 할 정도로 좋아하는 곡인데 이유는 이렇다. 행복할 때 들어도, 슬플 때 들어도 마음을 차분하게 만들며 중간 어느 지점에 나를 가지런히 놓아주기 때문이다. 평온을 찾아주는 느낌이랄까. 〈Chega de saudade〉라는 곡 자체는 너무 유명해서 많은 아티스트들이 연주하고 부르는 곡인데 난 중성적이고 터프한 듯 섬세한 얌비코가 부른 버전을 그중에서도 가장 좋아했다.

이렇게 애정하는 곡이 담긴 앨범을 만났으니 얼마나 행복했겠는가. 반전은 그 앨범을 사지 않았다는 것이다. 대신 다른 가수의 앨범을 사오는 엉뚱한 결말. 하하. 캐롤라인 헨더슨(Caroline Herderson)의 앨범이 더 저렴했던가? 이제 막 빠져들기 시작한 탱고 곡 〈Libertango〉가 들어 있어서 골랐던가? 아마도 당시 이 앨범은 정말 한국에 없을 것 같았고, 빠듯한 여행 경비를 생각해서 캐롤라인 헨더슨의 앨범을 골랐던 것 같다. 어쨌든 낯선 땅에서 불편함을 느끼다가도 한국에서 갈증을 느끼던 부분들이 채워지며 신세계를 과감히 맞이했다.

다음은 벨기에로 넘어갔다. 동행한 친구도 나도 성격이 좀 태평한 구석이 있었다. 일단 어디든 가면 숙소 빈방은 무조건 있을 거라며 여행 성수기임에도 불구하고 오래 머무는 몇 개 도시들 빼고는 숙소를 알아보지 않고 갔다. 그렇게 벨기에 브뤼셀에 도착해서 여행 책자에 나온 호스텔에 전화해 빈방을 알아보는데 빈방이 없었다…! 그때부터 친구와 나의 얼굴은 굳어졌고 근처 피시방을 찾아다녔다. 친구는 나보다 영어 실력도 좋았고, 정보 검색 및 판단이 빨랐다(친구 덕에 잘 다녀온 거 같다. 고마워 윤정아). 친구와 함께 인터넷으로 다른 호스텔을 더 검색해서 예약을 완료하고, 앞으로 타야 하는 기차들의 스케줄을 확인하고 정리한 다음 기차역에서 모든 기차표를 구매했다. 그제야 한숨 돌리며 여행을 할 수 있었다. 하지만 이건 시작에 불과했다.

여행이란 돌발 상황에 대한 맷집을 키울 수 있는 곳이었다. 안전하고 잘 만들어진 신도시 일산에서 공부 스트레스만 받았지 결국 온실 속 화초, 김민지가 아니었겠는가. 물론 여행하면서 신기

할 정도로 소매치기를 당하거나 목격하는 일이 단 한 번도 없었다. 그것 말고도 예상치 못한 일들은 계속 다가왔다. 그리고 그 예상 밖의 일이 부정적인 것이 아니라, 내가 바라보는 세상 그리고 사고의 경계를 깨부수고 확장해주는 '기회'임을 알게 되었다.

숙소에 관한 에피소드들이 몇 개 있는데 첫 번째로 네덜란드에서였다. 역시 우리는 암스테르담에 도착해서 호스텔을 찾아갔고, 예약 가능한 방이 도미토리만 있어서 갔는데 그 방은 '혼숙'이었다. 당시 친구랑 충격을 받았지만 우선 방에 들어갔다. 이층 침대 세 개가 있는 6인실이었는데 도착해서 가보니 이미 남자 여행객 둘이 있었다. 서로 인사는 주고받았는데 친구와 둘이 그때부터 어쩌나 하며 발을 동동 굴렀다. 마약을 할 것같이 생겨서 너무 무섭다, 우리 돈 잘 챙겨놔야겠다 등등 이런저런 걱정들이 솟구쳤다. 심적 안정을 위해 잠시 밖에서 시간을 보내고 방에 돌아와보니 다른 여자 여행객들도 와 있었다. 서로 간단히 인사만 나누고 심란한 마음을 부여잡고 잠을 청했다.

다음 날 아침 눈을 떠서 보니 각자의 방식대로 방에 편하게 있는 외국 친구들을 보게 되었고, 그때부터 긴장감이 풀리기 시작했다. 한 친구는 아침 조깅을 한 후 방에서 팔굽혀펴기를 하고 있었고, 한 친구를 캐리어 가방을 열어둔 채 지갑도 보이게 올려두고 자리를 비웠으며, 다른 한 친구는 샤워를 하는 도중 문을 슬쩍 열고 얼굴을 내민 채 이성 친구와 이야기를 하고 있었다. 아. 내가 색안경을 끼고 경직된 채 바라봤구나 싶었다. 이들은 그저 여행을 즐기러 온 자유롭고도 자신만의 리듬이 있는 청년들이었다.

두 번째 사건은 처음으로 새벽 중간에 기차를 갈아타고 이탈리아 베네치아로 가는 도중에 일어났다. 첫 번째 열차에서 자다가 내려 새벽에 비몽사몽으로 기차를 갈아탔는데 잘못 타서 엉뚱한 나라를 간 것이다. 유럽 여행은 기차를 타며 국경을 넘어가기 때문에 중간에 역무원이 여권과 티켓을 확인하는데 우리의 티켓이 유효하지 않다고 했다.

"이 기차 이탈리아 가는 거 아닌가요?"
"아니요. 이 기차는 슬로베니아로 갑니다."
"슬로베니아? 거기가 대체 어디지…?"

친구와 나는 당황해서 종이 지도를 펼쳐 그 나라가 어딘지 알려달라고 하고, 확인한 뒤 티켓 비용을 지불하고 존재조차 알지 못했던 나라의 기차역에 내렸다. 다행히 유럽 국가 간의 철도망은 잘 되어 있었고, 베네치아로 가는 기차 시간을 확인한 뒤 티켓을 끊고 역사 카페에서 시간을 보냈다. 또 하필 슬로베니아는 유로를 사용하지 않는 나라여서 약간의 돈을 환전했다. 카페에서 핫초코를 마시고 색다른 동전을 구경하며 친구와 수다를 떨다가 기차를 올바르게 타고 무사히 이탈리아에 도착했다.

계획을 했음에도 계획대로 흘러가지 않는 상황들에 순간 스트레스를 받았지만 몇 번 경험하다 보니 결국 또 다른 길은 있다는 것을 알게 되었다. 그리고 그것이 더 색다른 경험과 지혜를 선물해준다는 걸 깨달으며 태연한 마음으로 여행을 다녔다. 물론 위험한 곳을 일부러 가거나 행동하는 것은 피했다. 미리 피할 수 있는 것은 피하되 이미 벌어진 일에 대해선 덤덤해지자는 주의였다.

그렇게 담력을 쌓아가며 여행을 이어갔고, 40일 내내 유스호스텔과 한인 민박, 도미토리에서 머물면서 많은 여행객들을 만나볼 수 있었다. 대부분 여행 루트가 비슷했기 때문에 따로 이동을 해도 길에서 반복적으로 마주치는 반가운 한국인 여행객들도 있었고, 긴 대화를 이어갈 수 없어 아쉬움 가득하게 헤어졌던 외국인 친구들도 참으로 많았다. 스페인에서는 같은 방을 쓰는 친구가 슬로베니아 사람임을 알게 되었고 반가운 마음에 말을 걸었다.

"우리 그 나라 가봤어!"
"아니 어떻게? 관광하러 가는 나라는 아닌데."
"기차를 잘못 타서! 하하하."

그렇게 서로 놀라며 웃음을 한바탕 터뜨리고 이야기를 이어가다 보니 그 친구가 한국 전쟁과 남북 분단 상태에 대해 관심이 많다는 사실을 알게 되었다. 남한에 대해 지식이 많아서 도리어 우리가 해줄 말이 없을 정도였다. 신기했다. 이야기를 더 나누어보고 싶었으나 내 짧은 영어로는 불가능했다.

외국인을 만날 때마다 답답함을 성실히 느꼈다. 여행을 다니면서 세계 공용어인 영어를 할 수 있느냐 없느냐의 차이는 하늘과 땅 차이였다. 역사나 문화 관광지를 다니면서 습득하는 정보도 있었지만 한 사람과 충분한 대화가 가능하다면 비교 불가능한 양질의 정보와 경험을 전달받게 될 터였다. 더불어 깊은 교감이란 것도 가능하다. 똑같은 돈을 들여 여행을 간다면 영어가 가능한 상태로 다니는 것이 여러모로 훨씬 매력적이지 않은가? 드디어 나에게도 마음에서 우러나와 영어를 배우고 싶은 때가 온 것이다.

CHAPTER

2

필리핀
- 야채 집착

    물리학과에 진학한 후로 영어는 쳐다보지도 않았다. 물론 원서로 공부하는 수업이 대부분이었지만 전공 단어만 알면 되었고, 대부분의 시간을 미적분을 하며 보냈기 때문에 영어의 필요성을 크게 느끼지 못했다. 더군다나 마음이 동하지 않는 선택과 행동을 하지 못하는 성격이었다. 당장 영어가 필요하지 않았기에 주변 친구들이 토익 학원을 열심히 다녀도 전혀 타격이 없었다. 졸업을 위한 토익 점수야 필요할 때 따면 된다 싶은 태평한 생각이었다. 그랬던 내가 40일 동안 여행을 다녀온 후, 영어에 대한 필요성을 진심으로 절실하게 느끼게 되었다. 다양한 문화와 생각에 관심이 많은 사람으로서 단순히 관광이나 책으로 습득하는 것보다 여행길에 만나는 사람들과 직접 얼굴을 마주하며 나누는 이야기와 감정 그리고 확장되는 시선에 더 매료될 수밖에 없었다.
    고등학교 때 싫어했던 과목이었지만 영어를 공부하겠다고 마음을 먹고, 어학연수로 갈 수 있는 나라들을 검색해보기 시작했다. 쉽게 떠오르는 영어권 국가인, 미국, 영국, 아일랜드, 캐나다, 호주, 네덜란드가 있었고, 상대적으로 저렴한 남아프리카 공화국과 필리핀, 말레이시아도 있었다. 앞서 언급한 영어권 국가들은 학비와 체류비가 너무 비싸서 선택 항목에서 제외했다. 최대한 부모님에게 부담이 덜 갈 어학연수 코스를 검색해보기 시작했고, 두 나라를 연계해서 가는 패키지를 알게 되었다.

학비가 저렴한 나라에서 어학연수를 하고, 워킹홀리데이 비자 발급이 가능한 호주나 뉴질랜드에 가서 아르바이트를 구해 생활비를 충당하며 영어를 공부할 수 있는 구성이 있었다. 우선 두 번째 나라로는 호주로 쉽게 결정할 수 있었다. 뉴질랜드는 초원만 가득하고, 심심하며 지루하다는 이야기를 많이 들었고, 호주가 더 다이내믹하고 재미있어 보였다. 문제는 나의 첫 번째 지망이 학비가 좀 더 저렴한 국가인 '남아프리카 공화국'이라는 사실이었다. 이국적인 자연 환경과 흑인에 대한 호기심이 컸고, 타고난 취향이 독특한 것을 좋아했다.

꽃을 하는 지금도 변함이 없다. 보자마자 반하는 꽃과 자연 소재 99퍼센트의 원산지가 아프리카 또는 호주인 것을 확인할 때마다 일관된 취향에 소름이 돋기도 한다. 그래서 버킷 리스트 중 하나는 아프리카의 꽃 농원을 가보거나 내가 좋아하는 꽃이 땅에 뿌리를 박고 있는 야생의 모습을 보는 것이다(한때는 아프리카의 꽃 농원에 일을 하러 갈까 고민했던 시절도 있었다).

여하튼 엄마에게 어학연수로 남아공을 가고 싶다고 이야기했으나, 아주 당연히 완강하게 반대하셨다. 아무리 어학원 안에서 생활한다고 해도 남아공의 치안이 좋지 않았고, 이런저런 예방접종을 맞고 가야 한다는 사실만으로도 딸을 타지에 보내기엔 너무나 불안하다고 하셨다. 나 또한 상황을 받아들이고, 그나마 조금 더

안전하고 저렴한 필리핀으로 방향을 틀었다(사실 필리핀도 총기 소지가 가능해서 치안이 좋은 나라는 아니었다).

수많은 섬으로 이루어진 나라, 필리핀. 조금이라도 공부에 집중할 수 있는 환경으로 가자 싶어 리조트와 유흥거리가 유난히 넘치는 세부는 제외했다. 그리고 고민 끝에 작은 도시 일로일로(Iloilo)에서 3개월 어학코스를 밟기로 결정했다. 유학원을 통해서 모든 어학 과정과 비자 등 관련 절차를 완료하고, 영어 문법책을 구매했다.

그 유명한 보라색 책 『Grammar in Use Intermediate』. 필리핀은 일대일 수업이 많은 것이 특징이었다. 즉 영어로 대화할 수 있는 시간이 많았고, 말을 내뱉기 위해서는 우선 문장의 구조가 머릿속에 있어야 했다. 고등학교를 졸업한 후로는 영어를 쳐다보지도 않았으니 최소한 영어 문법은 한 번 훑고 가야 일대일 수업을 잘 활용할 수 있을 거라 생각했다. 그렇게 문법책을 겨우 한 번 보고 필리핀으로 떠났다.

생애 처음으로 경험해보는 기숙사 생활이었다. 숙소를 계속 옮겨다니는 배낭여행과는 또 다른 느낌이었다. 3개월 동안 내가 사용할 방에 짐을 풀고, 부산에서 온 사투리가 강한 룸메이트와 인사를 나누었다. 한국의 여름처럼 습하면서 창밖에는 야자수 나무가 보이는 낯선 환경이었다. 모든 것이 설렘으로 다가왔다. 기숙사에 있는 식당에서는 취사를 할 수 없어서 음식을 포장해 기숙사 식당에서 먹거나 외식을 해야 했는데, 이때부터 나의 음식 취향을 또렷하게 알게 되었다.

어학원에 처음 도착해서 같은 그룹 멤버들과 필리핀에서의 첫 외식을 하게 되었다. 그나마 한국 사람들에게 친숙한 피자헛을 안전한 첫 시도로 도전! 내심 기대했지만 한국에 있는 샐러드바는 존재하지 않았고, 우리는 미트볼이 올라간 피자를 주문했다. 그리고 한 입을 먹고 경악했다. 너무너무 짠 맛에….

필리핀과 같은 열대기후의 나라에서는 사람들이 땀을 많이 흘리기 때문에 음식 간이 대체로 (아니 전부) 짠 편이다. 그리고 일반적인 식사 구성이 짭조름하게 양념 된 고기와 밥(특히 마늘과 같이 볶은 밥)이었고, 이를 몇 번 먹다 보니 온 몸이 소금 범벅이 된 고기가 된 기분이었다. 싱싱하고 푸릇한 야채가 절로 생각났다. 내가 이렇게 야채를 좋아하던 사람이었던가 경이로워하며 채식주의 별종 하이에나처럼 샐러드를 찾아다니는 지경에 이르렀다. 마침 나와 비슷한 식성을 가진 가깝게 지내던 언니가 있었고, 둘이서 따로 샐러드가 파는 음식점을 찾아다니며 사막에서 오아시스 물을 마시듯 야채 갈증을 해소했다.

물론 무더운 나라여서 야채가 싱싱하지는 않았지만 그걸 따질 상황은 아니었다. 그리고 기숙사 식당에서 밥을 먹을 때는 살기 위해서 무조건 김치를 먹었다. 한국인이 대부분인 어학원이었기에 김치를 꼭 주긴 했었으나 이게 김치인지 다른 음식인지 모호했다. 그래도 먹었다. 살기 위해.

필리핀에서 극단적으로 고기를 많이 접하면서 나의 음식 취향을 알게 되었다. 나는 육고기를 좋아하는 사람이 아니었고, 가끔 외식으로 고기를 구워 먹는 정도도 충분한 사람이었다(대부분의 한국 사람들은 육고기를 좋아하고, 어떤 이들은 매일, 때론 하루에 두 번도 먹는다는 사실을 알고서 충격을 받았다). 가만히 생각해보니 엄마가 고기 냄새를 좋아하지 않으셔서 집 반찬에 고기가 별로 없었다. 이런 환경 속에 있던 내가 갑자기 고기만 먹어야 하니 힘들 수밖에 없었고, 신선한 채소에 대한 열망이 증폭되었다.

그리고 이 열망은 호주를 가서도 계속되었고, 물 만난 고기처럼 싱싱하고 맛있는 야채와 과일을 매일 섭취했다. 주말에 장을 본 후 주방에서 콧노래를 부르며 샐러드로 먹을 야채들을 손질 및 정리하며 냉장고를 채웠고, 삼시 세끼를 샐러드 한 사발과 빵으로 해결할 정도였다. 그러다 기운이 딸린다 싶을 때 지인들에게 SOS를 외치며 다 같이 야외 그릴에서 고기를 구워 먹었다. 하지만 뭐든 최고점을 찍으면 하락하는 때가 오지 않던가. 호주를 떠나기 한 달 전부터는 양상추에 너무 물려서 쳐다보지도 않았고, 한국에 돌아와서도 다른 야채로 샐러드를 먹을 정도였다.

그러다 문제가 발생했다. 샐러드를 먹을 때 올리브 오일만 슬쩍 두른 정도로 먹다 보니 나중에는 거의 생식 수준이 되었고, 짠 맛에 더욱더 민감해진 것이다. 사실상 밖에서 먹는 모든 음식이 내게 극도로 짜게 느껴지니, 이는 짜증으로 표출되기 시작했다. 그러다 눈 떨림이 한 달간 지속되자 건강 검진을 위해 피검사를 했는데 충격적인 결과를 들었다.

"다 정상이고 괜찮아요. 그런데… 물을 좀 줄이셔야 할 것 같아요. 나트륨 수치가 너무 낮아요."

당시 한국은 텔레비전을 켜면 과한 나트륨 섭취를 줄이라는 경고로 가득했는데, 나는 물을 줄이고 나트륨을 의식적으로 섭취해야 하는 상태였다. 이 일 이후로 음식을 먹을 때 짜면 짠 대로 싱거우면 싱거운 대로 무념무상으로 먹기 시작했다. 내가 섭취하는 나트륨 함량의 수치를 정확하게 알기는 어려운 일이다. 그냥 주는 대로 먹자고 생각했고, 혼자 먹을 때는 평상시처럼 삼삼하게 먹었다. 그렇게 편한 마음으로 식사를 시작하니 어느 순간 균형을 찾아갔다. 야채에 집착할 때도 채식주의자는 아니었다. 그저 야채의 순수한 맛이 좋았고, 그걸 덮어버리는 소스를 꺼리다 보니 소금까지 거리를 두게 된 것이다. 하나 뭐든 과유불급임을 깨닫고, 무엇이든 골고루 먹자고 생각을 바꾸었다. 나에게 맞는 음식과 균형을 찾아가는 것도 수많은 시행착오의 경험이 필요하다.

필리핀
- 질문 놀이의 시작

　어릴 때부터 엉뚱한 질문하는 것을 즐겼다. 물론 호기심이 많아서 과학 관련된 질문이 대부분이었지만 사람에 대한 호기심으로 단순한 질문을 던지는 것도 좋아했다. 집에서 아빠와 텔레비전을 보다가도 갑자기 맥락 없이 질문을 던지곤 했다.
　"아빠는 무슨 색을 좋아해요?"
　"보름달, 반달, 초승달 중에 어떤 게 좋아요?"
　"다시 태어나면 남자와 여자 중 어떤 성별로 태어나고 싶어요?"
　"콜라가 좋아요? 사이다가 좋아요?"
　"계란프라이는 완숙이 좋아요? 반숙이 좋아요?"

　내가 계속 질문을 하다 보면 대답해주던 아빠가 웃으면서 이렇게 말했다.
　"너는 왜 유치원생 같은 질문을 하니?"
　"재밌잖아요!"

　말 그대로 재미가 있었다. '빨간 색을 좋아하는 사람은 이런 성격, 파란색을 좋아하는 사람은 저런 성격'이라는 정보가 있던 것은 아니었지만, 나만이 느낄 수 있는 말로 설명하기는 어려운 '이미지'가 있었다. 그렇게 한 사람에 대해 '나만의 느낌 정보'가 쌓이는 것이 재미있었다. 이런 단순한 흥미는 필리핀 어학연수를 가서 본격적으로 자리를 잡고 진행이 되었다.

필리핀 어학원에서의 수업은 일대일 수업과 그룹 수업으로 구성되어 있었는데 그룹 수업이라고 해봤자 최대 네 명이었다. 어학 수업이다 보니 내가 말하거나 다른 사람의 말을 듣는 것이 전부였고, 영어로 말을 내뱉기 위해서는 나의 생각을 잘 들여다보고 정리해둘 필요가 있었다. 더불어 질문을 쌓아두고 하는 것도 언어를 배우기 위한 좋은 방법이었다. 당시 진로와 삶의 방향에 대해 고민이 많아서 질문할 것도 많았고, 다른 사람들은 어떤 생각을 하고 있는지에 대해서도 호기심이 가득했다. 그걸 수업에서도 해소했지만 가까운 지인들과 한국어로 편하게 더 거침없이 이야기하며 호기심을 풀어갈 수 있었다.

무더운 날씨 탓에 밖을 걸어다니는 일은 많지 않았다. 대부분 택시를 타고 음식점이나 카페를 갔고, 작은 도시라 갈 곳도 한정적이어서 반복되는 루트에 다들 지쳐 있었다. 그러던 어느 날 카페에서 질문 놀이가 하고 싶어졌다. 항상 같이 다니던 언니 둘과 오빠 한 명 그리고 나 이렇게 넷이 있었는데 막내인 내가 목소리가 젤 크고 자기주장이 강했다(엉뚱하고 돌발 행동을 잘해서 사람들은 내 이름 앞에 '미칠 광' 자를 성처럼 붙여 불렀다). 이날도 거침없이 언니, 오빠들에게 빈 종이를 한 장씩 주며 말했다.

"빈 종이에 각자 질문을 열 개씩만 적어줘."

"얘 또 무슨 소리하는 거야?"

"다 썼지? 자 이제 질문이 총 마흔 개가 준비된 거고, 하나씩 답해보자! 내가 이 종이에 답변 다 적을게!"

구시렁거리면서 또 행동으로 옮겨주는 츤데레들이었다. 그렇게 필리핀 일로일로 섬의 한 카페에서 '첫 질문 놀이'가 시작되었다.

처음엔 어쩔 수 없이 막내 요구를 따라주는 언니, 오빠들이었는데 하면 할수록 다들 빠져들었다. 어느 순간 카페에만 가면 각자 음료를 챙긴 후, 종이와 펜을 꺼내 준비하고 있었다. 심지어 내가 필리핀을 떠나기 전날, 민지 하고 싶은 거 다 들어주겠다는 말에 하루 종일 카페 두세 곳을 옮겨 다니며 질문 놀이만 한 날도 있었다(다시 한번 감사의 인사를 드리옵니다).

여하튼 다른 사람들도 질문 놀이에 빠져들었던 이유는 결국 다른 이들과의 비교를 통해 '나'를 더 명확하게 알아갈 수 있기 때문이었을 것이다(앞서 『카네기 인간관계론』에서 언급했듯 사람은 결국 자기 자신에게 관심이 가장 많으니까). 같은 질문에 대해 다른 답을 하는 상대방의 이야기를 들으며 '새로운 시선'을 알게 되고, 그와 다른 나를 마주하게 된다. 때론 50 정도의 감정이라고 생각한 것이 어떤 이 옆에서는 100의 감정이 된다는 것도 알게 된다. 그리고 나 스스로와 상대방에 대해 끼고 있던 색안경을 인지하고 벗어버리는 계기가 되기도 한다.

결국 자기 이해의 시간인 것이다. 누구나 공감하지 않는가? 몇십 년을 '나'로 살고 있지만 가장 낯선 것이 '나' 아니던가? '이런 상황에선 난 이런 감정을 느껴!'라는 데이터를 갑자기 백지화하는 나의 숨겨진 모습을 보기도 하고, 나이가 들면서 예전에는 덤덤했던 문제에 예민해지기도 하고 말이다. 매 순간 새로운 것이 나 자신. 변하지 않는 듯 미묘하게 변화하는 나 자신을 잘 인지하는 것이 살아가는 데 너무나 중요한 것임을 성실히 느꼈다.

이런 인지와 재미를 나만 느끼는 것은 아니었다. 해외에 나와 있는 사람들의 경우 자기 자신과 삶의 방향성에 대해 깊이 고민해 온 사람이 많아 질문 놀이에 더 빠져들 수 있었다. 그렇게 시작된 질문 놀이는 호주와 프랑스를 가서도 가깝게 지내는 지인들과 함께 이루어졌다. 다들 처음엔 이게 뭐냐고 하지만 빠져드는 것이 질문 놀이. 심지어 프랑스에서는 미술을 전공하던 친구가 글이 아닌 그림을 그리는 것으로 대신해보는 것이 어떻겠냐고 제안했고, 카페에서 먹던 쿠키 상자를 뜯어 각자 그림을 그리고 서로의 것을 비교해보는 색다른 시도도 해보았다.

이후 한동안은 해외 이곳저곳을 다니며 새로운 사람들을 만나고 헤어지는 상황이 이어지면서 질문 놀이를 부지런히 해볼 수 있었지만, 한국에서 특별한 변화 없이 생활을 하다 보니 질문 놀이를 할 계기가 딱히 없었다. 그러다가 일산 백석동에 작업실을 마련하고 나서야 다시 질문 놀이를 부활시킬 수 있었다. 처음엔 가까운 지인들과 작업실에서 술자리를 갖다가 자연스럽게 이어졌고 이는 흥미롭고 깊은 이야기를 이끌어주는 안주가 되었다. 그러던 어느 날, 이제는 용기를 내서 잘 모르는 낯선 사람들과 질문 놀이를 해야겠다는 생각이 강하게 들었다.

대학생이 되면서 스타벅스를 다니기 시작했다. 커피를 좋아하기도 했지만 적당한 소음과 내게 관심 없는 사람들 사이 보장되는 나만의 시공간이 좋았기 때문에 스타벅스에서 공부도 하며 자유로운 시간을 자주 즐겼다. 그리고 중간중간 카페에 있는 사람들을 관찰하다 혼자 온 사람들이 점점 더 많아짐을 알 수 있었고, 이런 생각이 들었다.

'한국도 개인주의가 더 짙어지면서 고립된 사람들이 많아지겠구나. 동시에 다른 사람들과 연결되고 싶은 욕망이 커지겠다.'

그 욕망에 대한 확신이 있었고, 이를 확인하는 방법은 믹스뚜에서 '질문 놀이'를 진행하는 것이었다. 인스타그램과 다양한 모임을 소개하는 커뮤니티에 질문 놀이 시간을 공지했다. 모집이 생각만큼 수월하지는 않았다. 전혀 모르는 새로운 사람들과 낯선 공간에서 어떤 질문을 할지 모르는 상황 속에 있는 것이 편할 수가 없었다. 나의 관점으로만 사람들을 바라본 것이다. 김민지라는 사람은 호기심이 발동하면 굉장히 적극적으로 다가서지만 대부분의 사람들은 그렇지 않다는 걸 깨달았다.

그럼에도 불구하고 내가 이 놀이를 계속할 수 있던 것은 중간중간 나와 비슷한 사람들을 마주했기 때문이다. 조금은 과감하고 호기심이 많은 분들이 질문 놀이에 참여해주었다. 다들 처음엔 어색해했지만 무조건 빠져드는 것이 질문 놀이였다(편안하고 집중이 잘되는 묘한 공간인 믹스뚜 작업실의 몫이 크기도 하다). 그리고 일관된 피드백은 질문 놀이를 통해 자기 자신도 몰랐던 면을 발견하거나 생각을 정리를 하게 되었다는 것이었다. 믹스뚜에서의 질문 놀이는 계속 다듬어지며 현재 진행형으로 숨 쉬고 있다.

필리핀
- 사슴벌레와 본능

필리핀에 직접 와보니 한국보다 저렴한 물가를 실감할 수 있었다. 그래서 평범한 스물두 살 대학생도 과분하게 누릴 수 있는 것들이 많았는데, 우선 어딜 가든 대부분 택시를 타고 다녔다(좀 멀리 가도 택시비가 한국 돈으로 1,000원도 되지 않았다). 그리고 주말엔 한두 시간 전신 마사지를 받고(감기 기운이 있을 때 마사지를 받았다가 며칠 동안 고열에 시달리기도 했다), 바로 앞에 있는 카페에 가서 클럽샌드위치와 커피를 마시는 것이 루틴이었으며, 청담동에 있을 것 같은 레스토랑 음식을 5,000원에 먹고, 생망고주스까지 여한 없이 마셨더랬다.

또 누린 것은 여행 숙소! 한번은 수영장이 딸린 독채를 예약해서 여행을 간 적이 있었다. 숙소에 도착하자마자 소리를 질렀다. 원할 때 언제든 들어갈 수 있는, 영화에서만 보던 고급 수영장까지 따로 있는 독채라니! 하지만 무엇보다 숙소에서 가장 좋았던 것은 온수가 나오는 샤워 시설이었다. 기숙사에서는 온수가 나오지 않았다. 아무리 더운 나라여도 뜨거운 물로 씻고 시원하게 나오는 맛이 있는데 그러지 못하는 답답함을 여행에 와서 해소할 수 있었다.

당시 여행은 일로일로에서 배를 타고 15분 만에 갈 수 있는 기마라스섬(Guimaras Island)으로 갔다. 가깝게 지내던 언니 오빠들과 인사만 하던 또 다른 무리의 사람들과 다 같이 대가족처럼 망고가 유명한 섬으로 여행을 간 것이었고, 그중에는 일본 고등학생 친구도 있었다.

평소에 이야기를 제대로 나눠본 적은 없지만 외모가 좀 인상적이어서 기억하고 있었다. 작고 통통한 체형에, 긴 머리의 독특한 헤어스타일, 얇게 다듬은 눈썹. 전혀 고등학생처럼 보이지 않는 외모였다(당시 일본 남학생들은 중학생 때부터 눈썹을 다듬는다는 말에 꽤나 놀랐다). 내게 나름 충격적인 일본 고등학생의 모습이었으나 성격은 조용했다.

도착해서 짐을 풀고 우선 바다에 들어갔다 온 다음 다 같이 저녁을 먹었다. 2차로는 맥주를 사 들고 컴컴해진 바닷가로 갔다. 잘 모르던 사람들과 뒤섞여 이야기를 나누던 중 그 일본 고등학생 친구 옆에 앉게 되었고, 어색한 정적을 깨고자 평소처럼 질문을 하기 시작했다(준비된 질문쟁이 아니었겠는가). 기본적으로 하는 질문 중 하나는 좋아하는 것에 대한 질문이었다. 이 질문 하나만으로도 어떤 사람인지가 대략적으로 그려지기에 이 친구에게도 가볍게 물어보았다.

"좋아하는 게 뭐야?"

그 친구는 주저 없이 답을 했다.

"곤충."

좋아하는 게 무엇인지에 대한 답변으로는 생전 처음 들어보는 단어여서 순간 듣자마자 뇌가 정지되는 것 같았다.
"무슨 종류의 곤충을 좋아하는데?"
"사슴벌레."

당시에는 사슴벌레가 애완용 곤충으로는 생소했기에 나는 매우 신기해하며 호기심 어린 반짝이는 눈빛으로 좋아하는 이유를 물었다.
"외형이 독특하고 멋있어서 좋아하는 건가? 아니면 사슴벌레끼리 싸우는 모습이 전투적이라 이런 부분에 빠져버린 건가?"

나는 막연하게 짐작하며 물었고, 이번에도 그 친구는 주저 없이 대답했다.
"그냥 본능적으로 좋아하게 된 거야."

그 대답을 들은 순간 돋았던 소름을 잊을 수 없다. 22년 동안 살면서 처음 들어보는 이유였고, 비범한 아이구나 싶었다(소위 긍정적 돌아이랄까). 당시 같이 있던 지인들도 나와 똑같은 반응이었고 오빠들은 "커서 뭐라도 하겠다, 이놈."이라며 감탄했다. 당시 나는 물리학을 계속 공부해도 되는지, 이 전공으로 졸업해서 취업을 하는 게 맞는지에 대한 확신이 없었던 때였다. 내가 진심으로 좋아하는 것. 그리고 그것을 업으로 삼았을 때의 걱정과 두려움이 가득했으니까. 그런데 이 친구의 대답이 나를 한번 들었다 놓았다. 그렇다면 나의 경우에는 어떤지 생각해보게 되었다.

'좋아하는 이유를 주저 없이 말하고, 본능에 가까울 정도로 이끌리는 것이 내게는 무엇일까?'

더 깊게 파고들기 시작했다. 그리고 지금의 나를 보면 돌아가려 했으나 결국 타고난 대로, 생긴 대로 살아가는 쪽으로 방향을 틀어 살고 있음을 확인하게 되었다. 이후에 물리학과 학사를 졸업하고 꽃 학원을 다닐 때도, 꽃집에서 일을 할 때도, 혼자 독립해 믹스뚜를 운영하면서도 변함없는 생각이 그것이다.
'시각적인 작업으로 전공을 바꾼 걸 단 한 번도 후회한 적 없다.'
'나는 새로운 것을 찾아내어 창조하는 일을 하기 위해 태어난 사람이다. 이것이 나의 천직이다.'

당연히 지금까지 걸어오면서 막막한 현실과 내 욕심대로 따라와주지 않는 나 자신 등 좌절하게 만드는 요소들은 항상 있었다. 그럼에도 불구하고 이것이 나의 소명이라는 생각은 변한적이 없었다. 결국 이런 생각이 사슴벌레를 본능적으로 좋아한다고 말하던 일본인 친구와 같은 맥락이 아닐까 싶다. 제법 일찍부터 자기 자신을 인지하고 본능에 깨어 있던 일본인 친구는 지금 어떻게 지낼까 가끔 궁금하다.

필리핀
- 돈과 행복의 상관관계

해외여행을 할 때 가장 좋아하는 것 중 하나는 마트나 주말 마켓에 가는 것! 한국에서는 보지 못한 다양한 식재료를 구경하는 것도 좋아했지만 어떤 물건들이 진열되어 있는지를 보며 그 나라의 삶을 느껴보는 게 흥미로웠다. 필리핀은 더운 나라답게 엄청 짜고 단 과자들이 많았고, 샐러드용 신선한 야채는 정말 보기 힘들었다. 흥미로웠던 물건 중 하나는 일회용 샴푸와 치약 같은 것들이었다. 어렸을 때 목욕탕을 가면 일회분으로 포장된 줄줄이 연결되어 있는 샴푸 말이다. 너무 오랜만에 보는 것이어서 반갑다가 문득 이걸 왜 마트에서 파는지 의문이 들었다. 여행용 키트로 있는 것이 아닌 줄줄이 붙어 있는 것이 수북하게 쌓여 있었고, 원하는 개수만큼 뜯어서 구매를 할 수 있었다. 아니 이곳이 관광지 주변 마트도 아닌데 일반 거주민들이 굳이 비용도 더 비싸고 쓰레기도 많이 나오는 이걸 사서 쓴다고? 이해가 되질 않았다. 그렇게 의문을 품고 있다가 친했던 어학원 영어 선생님에게 물어보았다.

"아니, 한 번에 많은 용량이 담긴 샴푸를 사면 더 쌀 텐데 왜 비싸게 개별 포장된 일회용 샴푸를 사는 거예요?"

"하루 벌어 하루를 살아가는 가난한 사람들이 많거든요. 당장 돈이 없으니까 오늘 내일만 사용할 샴푸를 사서 쓰는 거죠."

엄청 부유한 집은 아니지만 평범하게 부족한 것 없이 자라온 나는 생각해보지 못한 지점이었다. 한국에서 사는 동안 집안 재력에 대한 불만을 가진 적도 없었고, 가장으로써 열심히 일하는 아빠에게 당연히 감사한 마음을 갖고 있었는데, 내가 인지하지 못한 채 누리는 삶의 풍요로움이 생각보다 더 많았음을 알았다. 그리고 이런 생각을 필리핀에 머무는 동안 계속하게 되었다.

학원 기숙사에서 근처 카페와 노점상이 있는 곳까지는 느긋하게 걸어가거나(너무 더워서 옷이 다 젖을 각오만 하면 문제는 없었다) 인력거를 타고 갔었다. 인력거 비용은 100~200원 정도로 기억한다. 물가가 얼마나 저렴한지 감이 오지 않는가? 그런데 인력거를 탈 때마다 내가 정당한 돈을 지불함에도 불구하고 마음이 불편했다. 바퀴를 굴리는 운전사가 나보다 어린 친구들도 있었고, 나이가 많아 보여도 너무 마르거나 나보다 체구가 작은 남자였기 때문이었다. 유독 키가 크고 건강한 체구인 내가 미안해지는 지경이었다. 인력거는 그들이 생계를 유지하는 방법 중에 하나였고, 이런 생계 수단이 있는 것만으로도 풍족한 것일 수도 있겠지만 말이다.

필리핀 사람들이 얼마나 열악한 환경과 삶 속에 있는지를 계속 마주하며 3개월을 지냈다. 한데 아이러니한 것은 그들의 표정에선 가난이 느껴지지 않는다는 점이었다.

대학교를 들어가면서부터 취미로 사진을 찍었던 나는 당연히 필리핀에 갈 때도 거대하신 DSLR과 폴라로이드 카메라까지 빌려

나갔었고, 기숙사 방에서도, 동네 마실을 갈 때도, 여행을 다닐 때도, 자주 들고 나가 사진을 찍었다. 필리핀 사람들은 낯선 사람과 카메라에 대해 거부감이 없었다. 이방인이 카메라를 들이대도 싫다고 말하는 사람들이 없었다. 사진을 찍어도 되는지 먼저 물어보면 그저 활짝 웃으며 좋다고 말하는 그들이었다. 찍은 사진들을 가만히 보고 있으면 티 없이 맑고 순수한 필리핀 사람들의 얼굴에 '행복'이 보였다.

상상해보았다. 내가 한국에서 카메라를 들고 다니면서 사람들의 사진을 찍는 장면을. 무표정 또는 어색한 웃음의 한국 사람들이 떠올랐다. 물론 가난한 필리핀 사람들 모두가 행복에 젖어 사는 것은 아닐 것이다. 그러나 풍족한 환경 속에서 사는 한국 사람들 모두가 행복한 것도 아니었다. 많은 돈이나 풍족한 환경이 행복을 무조건 보장하는 건 아닌 것이다.

그렇다면 김민지라는 사람의 '행복'은 어디서 오는 걸까? '돈'은 나에게 어떤 의미고, 어느 정도의 영향력을 갖고 있을까? 감사한 부모님 덕분에 생계 걱정 없이, 소위 '자아실현'이라는 단어에 꽂혀 나의 욕망에만 집중해서 살던 온실 속 화초가 '돈'에 대해 곰곰이 생각하기 시작했다.

지금도 어려운 과제다. 돈과 행복이 비례관계는 아니지만 어느 정도의 돈이 없다면 행복도 멀어지는 현실을 너무나 잘 안다. 결국 각자의 삶에서 균형과 우선순위의 문제였다. 이를 필리핀의 작은 섬에서 영어를 공부하다 진지하게 되짚어보기 시작했다. 돈이라는 것을 내 인생에 어떤 '의미'와 얼마만큼의 '비중'으로 두고 살아야 할지.

그런 생각이 이어지던 중에 나는 필리핀을 떠나 호주로 넘어가야 했고, 완전히 다른 상황에 놓이게 되었다. 지금까지는 부유한 입장에서 돈을 소비만 했다면 호주에서는 반대의 위치, 외국인 노동자로서 돈을 벌어야 했다.

호주
– 나의 선택은 아니지만 나는 '한국인'

필리핀 어학연수를 마치고 한국에 들르지 않은 채 바로 호주 케언스(Cairns)로 넘어갔다. 처음 밟아보는 호주에 잘 적응하기 위해 한 달간의 홈스테이와 3개월간의 학원 수강을 미리 등록해놓고 갔다. 생애 처음으로 경험해보는 홈스테이. 뒷마당이 있고, 오래된 가구와 소품들이 가득하며, 출가한 자식들의 사진들이 벽면에 가득한 아기자기하면서도 따뜻한 집이었다. 혼자 쓰는 방에는 나무 책상과 옷장, 침대가 있었고, 순간 〈빨강머리 앤〉 만화 속에 들어온 기분이었다. 부엌 싱크대 위쪽 선반에는 다섯 개 정도의 유리병이 놓여 있었고, 거기엔 할머니가 직접 만드신 다섯 가지 맛의 쿠키가 가득 채워져 있었다. 까치발을 세워서 유리병을 내려 쿠키를 하나씩 꺼내 먹는 재미가 있었고, 어느 일요일엔 스콘을 직접 구워주셔서 다 같이 뒷마당 야외에 앉아 버터와 잼을 발라서 먹는, 영화 속 등장인물이 된 듯한 기분을 느끼기도 했다.

잠시 샛길로 새보면, 호주에서는 먹는 것에 대한 새로운 눈을 뜨게 된 경험이 많았다. 첫 번째는 영국식 스콘. 스타벅스에서 사먹던 삼각형 모양의 미국식 스콘이 아닌, 둥글고 보드라운 스콘이었다. 뚜껑을 열듯 반을 톡 분리해서 잼을 바른 갓 구운 스콘 말이다! 무슨 설명이 필요할까? 두툼하게 썰린, 계피 향 슬쩍 나는 건포도 식빵은 나의 최애였으며, 아메리카노만 마시던 내가 호주 우유에 빠져 라테만 마시게 되었다.

그리고 충격적인 과일 두 가지, '아보카도'와 '패션프루츠'를 호주에서 처음 먹어보았다. 아보카도를 처음 입에 넣었을 때는 기름진 이상한 질감에 놀라 바로 뱉었지만, 나중엔 잘 익은 아보카도를 반으로 잘라 씨를 빼고 움푹 팬 곳에 간장과 와사비를 슬쩍 넣어 수저로 퍼먹고 있었다. 패션프루츠는 반을 가르니 개구리 알이 담겨 있어 경악을 금치 못했지만, 요거트와 찰떡궁합임을 알고 열광했다. 또 조롱박 모양의 서양배의 매력에 빠져 한국에서 먹지도 않던 배를 열심히 먹었다. 신세계에 눈을 뜨게 되면서 따라온 문제는 한국으로 돌아간 뒤로는 이 과일들을 싼값에 먹을 수 없었다는 점이었다.

그렇게 모든 것이 어리둥절하고 신기한 경험들로 가득했던 홈스테이 생활 중, 어학원에서 배우는 영어에 대해 회의가 드는 사건이 있었다. 할머니와 할아버지 그리고 나, 이렇게 셋이 식사를 하던 중 내가 먼저 식사를 마치게 되었고, 먼저 일어나서 방에 가고 싶은 마음에 말을 하려고 하는데 말이 떨어지지 않았다. 문득 나는 필리핀에서 3개월을 보냈고, 호주에서도 학원을 다니고 있는데 이 간단한 생활 표현 하나를 바로 말하지 못함을 깨닫게 되었고, 이건 아니다 싶었다. 결국 내가 몸짓과 이런저런 영어 표현을 섞어 의사를 표현하자 할머니가 알아채시고 알맞은 표현을 알려주셨다.

"You can say, May I leave early?"

학원에서는 어떤 논제에 대한 자기 생각을 영어로 표현하는 데 집중했기 때문에 진짜 일상에서 우리가 편하게 내뱉은 표현들을 배우는 시간이 턱없이 부족했다. 일상을 살아가는데 편하게 영어로 말을 할 수 없다면 학원을 몇 개월이고 몇 년이고 다니는 게 무슨 소용인가 싶었다. 바로 아르바이트를 구해서 진짜 현실, 일상 속 영어를 습득해 사용하고 싶었다. 하지만 케언스 번화가는 딱 한 곳이라 일자리가 많지 않았으며, 이제 막 영어를 배운 동양인을 채용할 곳이 많을 리가 없었다. 그러다 같은 어학원을 다니던 한 유럽 친구가 새로운 정보를 전해줬다. 시드니에 가면 일자리가 많고 보통 3일 안에 일을 구한다는 것이다. 이 말을 믿고 나는 학원을 중도 포기하고 과감히 시드니로 이동하기로 결정했다.

그렇게 거침없이 케언스를 떠나 시드니에 도착해서 며칠은 호스텔에 머물면서 셰어하우스를 찾아다녔는데, 생각보다 집을 빨리 찾았다. 셰어하우스는 시드니 중심에 있었는데, 한국인 집주인이 함께 다른 방에 거주하고, 나는 마스터 룸(화장실이 딸린 방)에서 한국인 1명, 일본인 1명, 이렇게 셋이 지내게 되었다.

집을 구한 후에야 아르바이트 구직에 집중할 수 있었고 곧 또 다른 장벽을 마주하게 되었다. 아르바이트 이력서를 돌리면서 유럽 친구가 했던 말이 아시아 사람에게는 해당되지 않음을 확인하고 만 것이다. 3일 만에 일자리를 구하는 것은 유럽 사람들에게만 해당되는 것이었고, 하는 일도 달랐다.

그렇다면 호주에 워킹홀리데이 비자를 들고 간 한국인들은 보통 무슨 일을 하는가? 사무실 청소, 막노동, 레스토랑에서 샌드위치를 만들거나 설거지, 다른 도시의 농장에서 일하기…. 대부분 영어를 잘하지 않아도 되는 일이었다(물론 모든 한국인들이 저런 일만 하는 것은 아니다). 인정하고 싶지 않은 냉혹한 현실이었으나 고용주 입장에서 이해가 되기도 했다. 전문성이 없는 업무에, 단순 노동을 하며 손님을 상대하는 일이라면 문화가 비슷한 서양인, 유럽 친구들을 채용하는 것이 더 안전하니까 말이다.

당장 생활비를 벌기 위해서 돈이 급한 것은 사실이라 농장으로 가야 하나 고민도 해보았다. 농장을 가서 단기간에 돈을 많이 번 사람들 이야기를 듣고 솔깃했으나 자세히 들어보곤 바로 마음을 접게 되었다. 모든 농장에 일이 많은 것이 아니며 돈을 무조건 버는 것도 아니었다. 정확한 정보를 듣고 수확할 농작물이 많은 곳에 가야 했고, 해가 뜨자마자 죽어라 일을 해야 돈을 많이 벌 수 있는 것이 '진짜 현실'이었다. 다양한 경험도 중요하지만 나의 우선순위는 '영어'였다. 영어 실력을 향상시키기 위해서 비싼 돈 들여 한국 땅을 떠나왔는데 한국에서도 할 수 있는 (혹은 한국에서라면 절대로 하지 않을) 일을 할 수는 없었다.

그래서 할 수 있을 때까지 이력서를 돌려보자 싶어 40장 넘게 돌렸지만 아무 연락이 없었다. 그러다 플리마켓을 구경하러 패딩턴이라는 새로운 동네에 놀러갔다가 집으로 돌아가는 길에 회전초밥집에 '구인'이라는 표시를 보고 '에라, 모르겠다. 여기가 마지막이다!' 하며 이력서를 제출했고, 그곳에서 연락이 왔다(역시 마음을 비워야 모든 일이 잘 흘러가나 보다).

운이 좋았다. 그 회전 초밥집은 두 개 지점이 있었고, 호주인 삼형제가 운영하는 곳이었다. 주방과 홀 모두 다양한 국적(호주, 브라질, 일본, 한국, 중국, 네팔, 인도네시아, 캐나다)의 사람들이 일하고 있었고, 이 분위기가 내가 채용된 이유구나 싶었다. 더불어 한국인에 대한 이미지가 한몫했다. '일을 죽어라, 성실히 하는 한국인'이라는 이미지 말이다. 그렇게 어설픈 영어로, 초밥을 그리 좋아하지도 않던 내가 회전 초밥집에서 일을 하게 되었다.

낯선 곳에서 이방인으로서 일자리를 구해보니 한 가지를 알게 되었다. 바로 삶에는 '내가 선택한 것'과 '선택하지 않은 것'이 있고, 나는 부정할 수도 없이 한국인이라는 사실. 한국이라는 나라가 가지고 있는 이미지는 개인에게 영향을 줄 수밖에 없고, 국적이 구직활동을 하는데 이점일 수도, 아닐 수도 있다는 것.

내가 일하던 초밥집 주방에 일본인 셰프가 있었는데 그 친구의 구직활동을 보면서 많은 걸 느꼈다. 예를 들어, 내가 초밥집 사장인데 실력이 비슷한 한국인과 일본인이 지원했다면 나는 결국 일본인을 채용할 확률이 높다. 스시는 일본의 것이니까. 자신의 국적과 기술이 하나로 연결되어 있으니, 해외 구직활동이 훨씬 수월했다. 그 뒤로 그 친구는 터키, 그리스 그리고 한국에서도 일을 했었다. 그 친구의 삶의 흐름을 보며, 자기 생각과 적성을 잘 파악하고 능동적으로 선택하며 사는 것도 중요하지만 나의 선택과 무관하게 갖고 태어난 강점을 잘 찾아 사용하는 것 또한 지혜로운 삶의 방식임을 알게 되었다.

CHAPTER 2

호주
- 무지개의 의미

　구직의 절벽 끝에서 구사일생으로 영어를 쓰는 홀 서빙 아르바이트를 찾았고, 다양한 국적의 다정한 동료들과 일을 시작하게 되었다. 한국인 주인의 가게와는 다르게 호주 사람들은 일을 많이 시키지 않는다. 사람들이 몰리는 식사 시간에만 집중해서 사람을 쓰는 편이었고, 일에 적응이 덜 된 초기에는 근무 시간이 너무나 적었다. 생활비와 용돈으로 쓰기에는 부족해 매니저에게 일을 더 시켜달라고 조를 정도였다. 하나 이것도 잠시, 곧 일이 익숙해지고 직원이 부족해지면서 풀타임으로 근무하며 녹초 상태로 퇴근하는 날이 많아졌다.
　관심도 없던 초밥집에서, 그것도 호주 시드니에서 영어를 써가며 일하는 건 당연 수월하지 않았다. 우선 호주식 영어 발음에 적응하는 시간이 필요했다. 발음도 발음이지만 신기하게 소리를 안으로 먹으면서 말하는 발성법에 답답함을 느꼈다. 이런 호주식 영어로 초밥과 회의 종류를 알아야 했고, 한국에선 들어본 적 없던 메뉴도 잘 숙지하고 있어야 했다. 초밥집 특성상 직원에게 따로 주문을 넣는 경우가 많았기 때문이다. 한번은 손님이 군함 초밥을 주문하는데 올라가는 재료가 잘게 썬 토마토와 양파라고 하는 것이다.

'아니, 왜 회가 없지? 알도 아니라고? 토마토? 내가 영어를 제대로 못 들은 건가?' 싶어서 매니저에게 물었고, 매니저는 시원하게 '웅! 토마토 군함 초밥 메뉴에 있어!'라고 답했다.

한국에선 들어보지도 못한 메뉴들이 있었고, 전화 주문을 받아야 할 때면 손이 덜덜 떨리기도 했다(초밥 종류 하나하나를 개수까지 일일이 다 말하며 주문하기 때문이다). 어느 날은 한 손님의 같은 주문을 계속 이해를 못해 세 번이나 잘못된 메뉴를 손님에게 가져다주고, "You're the legend!"라는 말을 들었다. 웃으며 말한 것이 비아냥인지 아닌지 모르겠으나, 없던 오기가 솟구치며 자격지심과 열등감에 빠져 있었다.

'당신은 자발적으로 선택한 게 아니라 그저 호주에서 태어나 영어를 쓰는 건데! 그게 뭐 대수라고!'

그래도 이상한 진상 손님은 다행히 없었고, 같이 일하던 동료들도 많이 도와주며 긴장을 풀어줬다. 정신없는 점심시간이 지나고 브레이크 타임이 오면 직원들의 점심 식사 및 휴식 시간이 2~3시간 주어진다. 매장 위층에 창고 겸 사무실이 따로 있었는데 거기서 식사를 하거나 원하면 포장을 해서 밖에서 먹고 올 수 있었다 (그리고 나는 당연히 밖으로 나가서 먹었다).

보통 새우튀김이 올라간 우동과 스시롤 하나를 포장해 근처 작은 공원으로 나갔다. 의자에 앉아 점심을 먹으며 호주의 강렬한 햇살과 녹음을 즐기고, 산책을 하는 시간은 말 그대로 내 일상의 활력소였다. 더불어 내가 일하는 동네, 패딩턴. 이곳이 너무 좋았다. 키가 낮은 건물들만 있었고, 가지각색의 카페와 빈티지, 음반, 소품 가게들이 즐비해 있는 곳이었다. 그렇게 쉬는 시간에 카페에 가서 라테를 들이켜고, 음반 가게에 가서 시디 쇼핑을 하거나 골목골목을 무작정 다니기도 했다.

그렇게 길을 다니며 상점들을 보다가 신기한 스티커를 발견했다. 상점들 문마다 똑같은 무지개 스티커가 붙어 있는 것이다. 처음 보았다. 그리고 나중에 친구를 통해 '무지개의 의미'를 들을 수 있었다. 무지개는 '다양성'을 상징하며, 퀴어(Queer)를 존중한다는 의미라고, 퀴어는 레즈비언과 게이, 바이섹슈얼, 트랜스젠더, 인터섹스, 무성애자 등을 두루 일컫는 말이라고 했다.

생각해보니 출퇴근길이나 가게에서 일할 때 흠칫 놀랐던 경험이 있었다. 동성끼리 진한 포옹을 하거나 입을 맞추는 장면을 자주 보았기 때문이다. 패딩턴이라는 동네는 퀴어에게 열린, 그들을 환영하는 상점들이 많았던 것이다. 또 나의 타고난 기질은 오픈 마인드여서 낯선 광경에 순간 놀랐을 뿐이지 그들에게 불편한 마음은 전혀 들지 않았다.

덤덤할 수 있었던 이유는 고등학교 때의 경험 영향도 있는 것 같았다. 내가 다닌 고등학교는 당시 남녀 분반이었다. 1학년 때 나는 H.O.T.의 팬이었고 유행하던 팬픽을 보면서 가까워진 한 친구가 있었다. 시크한 커트 머리에 애교가 많은 친구였는데 어느 날 갑자기 자기가 레즈비언이라고 커밍아웃을 했다. 더불어 당시 우리 학교에 있는 레즈비언 친구들을 알려주었는데 그 말을 들은 나의 반응은?

"아 그래? 전혀 몰랐어."

그러고는 그냥 전과 똑같이 지냈다. 어릴 때부터 신기하게 장착되어 있던 태도였다.
'모든 사람을 동등하게 대하는 것'

이는 엄마가 하시던 말씀의 영향이었다.
"모든 사람한테는 배울 점이 있어. 불편하거나 나쁜 점이 먼저 보여도, 분명히 배울 부분이 있는 법이야."

이 말에 은은하게 세뇌가 되었는지, 초등학교 때부터 대학교 때까지 소름 돋을 정도로 반에 있는 소위 왕따 친구들과 항상 친했다. 내가 그랬다는 것을 인지조차 못하고 있었는데 고등학교 때 친했던 한 친구가 왕따 친구와 내가 웃으면서 이야기하는 모습을 보고선 신기해하며 말했다.
"넌 걔랑 어떻게 그렇게 잘 지내? 안 불편해?"
"응? 뭐가 불편해?"

소위 왕따를 당하고 있는 친구들을 보면 청결 상태가 좋지 않다든지 외모가 비호감인 경우가 있었는데(다른 친구에게 해를 입히는 등의 문제를 갖고 있는 친구는 다행히 없었다) 그 부분들이 내게는 피해야 하는 요소로 보이지 않았다(비듬이 보이면 '아, 비듬이 있구나.' 생각하고 끝이었다). 그러다 보니 내게 말을 걸면 다른 친구들과 똑같이 대했을 뿐이었고, 또 다른 흥미로운 소재로 이야기를 나눌 수 있어서 피할 이유가 전혀 없었다.

　그렇게 어릴 때부터 소외된 소수의 사람들을 일관된 태도로 대하는 것이 몸에 배어 있었고, 이는 자연스럽게 퀴어를 향해서도 똑같이 흘러나왔다(단, 호주 사람들은 공공장소에서도 스킨십을 거침없이 했기에 적응하는데 시간은 필요했다). 그저 너는 그런 사람이고 나는 이런 사람. 그게 다인 거다. 나와 너를 그저 하나의 인간으로 보는 것. 내가 소중하듯 너도 소중하다는 것을 잊지 않고 싶다.

호주
- 길에서 만난 백발노인

평범한 날이었다. 루이보스를 우린 물 1리터를 들고, 운동화를 신고 아르바이트를 하러 40분 정도를 걸어 출근하던 길이었다. 그날도 여느 날과 같이 파란 하늘을 간간이 바라보고, 강렬한 햇살에 몸을 지지며 주변 상점과 사람들을 구경하며 걷고 있었다. 그러다 갑자기 한 행인이 소리를 지르며 뛰어갔고, 주변 사람들 모두 놀라 시선이 집중되었다가 다시금 별일 없이 각자의 길을 걸어갔다. 나도 순간 놀라서 그 사람을 보고, 횡단보도에 서서 신호를 기다리는데 옆에 있던 백발의 노인과 눈이 마주쳤다. 서로 갸우뚱하며 눈인사를 주고받았고, 노인이 내게 질문을 하기 시작했다.

"혹시 한국 사람이야?"

"오, 맞아요."

"그럼 이 작가 알아? 한국 사람인데."

그 노인은 들고 있던 크고 두꺼운 책을 내게 보여주었다. 한국 미술 작가였는데 전혀 모르는 사람이었다. 지금은 덜하지만 나는 신기하게 한국 작가의 작품보다 외국 작가의 작품에 더 매료되는 편이었다.
 "아, 잘 모르겠네요. 책까지 있는 거 보니까 엄청 유명한 사람인가 봐요."
 "오, 그렇구나. 이런 작업을 한 사람이고 내가 좋아하는 작가야. 근데 너 미술이나 예술 관련해서 공부해? 아까 네가 걷는 모습을 봤는데 자유분방하고 창의적인 성향인 것 같아서."

 창의적인 걸음은 어떤 걸음인지 모르겠으나, 어디서부턴가 나를 지켜보며 오신 모양이었다.
 "제가요? 하하. 예술 당연히 좋아하죠! 그런데 예술 공부를 하고 있지는 않아요. 어렸을 때 미술을 배우고 싶었는데, 지금 시작하기에는 너무 나이가 들었거든요. 그래서 그냥 포기했어요!"

 나의 말에 노인의 눈동자가 커지며 물었다.
 "지금 네가 몇 살인데?"
 "스물한 살…."
 "너 지금 무슨 말을 하는 거야? 너는 지금 충분히 어리다고! 지금 시작해도 전혀 늦지 않았어!"

 나는 당시 만 나이를 말했고, 노인이 흥분해서 대답했다. 그 말을 듣는 순간, 망치로 머리를 맞는 기분이란 게 이런 거구나 싶었다. 당시 나는 한국 나이로 스물두 살이었고, 노인의 나이는 여든 정도 되어 보였다. 머리에 피도 마르지 않은 동양 여자아이가 백발의 노인 앞에서 '어렸을 때'라거나 '나이가 들어서'라는 말을 하다니. 내가 무슨 헛소리를 내뱉은 것인가 싶었다.

'나는 왜 이미 늦었다고 생각한 거지? 무엇이 나를 이렇게 생각하게 만든 걸까?'

있는지도 몰랐던 숨겨진 눈을 번쩍 떠버린 느낌이었다. 그렇다. 나는 그저 평범한 한국의 한 학생이었다. 일반적인 초중고를 졸업하고, 이제 막 대학교를 입학한 학생이었으니 알고 있는 세상과 삶이 얼마나 좁고 짧았겠는가. 한국에서 미술을 전공하려면 늦어도 중학생 때부터 미술 입시학원을 다녀야 하고, 미술대학에 진학해야만 할 수 있는 것으로 생각했다. 그게 내가 알고 있는 세상의 전부였다.

그 외의 길, 방법에 대해서는 정보가 없었다. 익숙하지 않은 영역으로 감히 발을 들일 '용기'와 '모험심'도 없었다. 아니 어쩌면 타고난 기질과 욕망은 있었으나 한 번도 시도해본 적이 없어서 몰랐던 것 같다. 이 사건 하나로 '그래! 난 미술을 해야 하는 사람이야! 길 가던 외국인 할아버지도 그걸 알아보잖아? 자퇴하고 미대 진학을 준비하자!' 이럴 수는 없었다. 나는 대범해 보이지만 그 행동을 하기 전까지 스스로에게 끊임없이 질문하며 확인하는 편이었다. 다만 이 일을 계기로 다시 고민하기 시작했다. 돌고 돌아서 가려 했지만 결국 내가 발을 들여야 하는 곳은 예술의 영역일까? 물리학을 싫어하는 것은 아니었으나 열정은 바람이 빠지고 있는 풍선 같았고, 미술이나 음악 등 예술을 통해 얻는 심리적 안정과 쾌감은 희미해진 적이 없었다. 학과 공부와 학교생활을 하면서 지친 나를 달래주는 것은 언제나 미술과 음악이었다. 통학 시간만 해도 하루에 네 시간, 버스와 길 위에서 항상 이어폰을 꽂고 있었고, 광화문 교보문고에 자주 들러 수입 서적 코너의 구석에 앉아 그림책을 보며 숨을 쉬던 나였다.

  대학교 3학년까지 마치고 외국으로 나왔던 터라 복학을 하면 1년 뒤 졸업과 취업을 해야 하는 상황이었다. 과연 휴학 1년 동안의 경험으로 나의 진로를 정하고 확신할 수 있는 것인가? 미술을 취미로 계속 유지하는 것이 과연 후회 없는 선택일까? 당장은 모든 것이 여유가 없고, 서둘러서 인생의 다음 단계로 넘어가야 할 것 같지만 길게 본다면 내 인생에서 1~2년 정도는 별것 아니지 않을까? 우연히 길 위에서 만난 호주 백발노인을 통해 고정되어 있던 나의 시선은 지진이 일어나듯 흔들렸고, 다른 지점에 서서 내 인생을 관망하게 되었다.

그게 내가 알고 있는 세상의 전부였다.

호주
- 한여름, 배 위에서의 크리스마스

호주는 남반구에 위치한 나라다. 한국이 여름일 때 호주는 겨울, 한국이 겨울일 때 호주는 여름. 그래서 12월 25일을 생애 처음으로 후덥지근한 날씨 속에서 보내게 되었다. 길거리에선 크리스마스 퍼레이드가 진행되며 빨간 비키니를 입고 산타 모자를 쓴 언니들이 지나다녔다. 모든 게 낯설었다. 더불어 크리스마스를 시작으로 긴긴 연말 휴가를 보내는 호주 사람들. 내가 일하던 초밥집도 긴 연휴를 보낼 거라는, 마냥 반갑지만은 않은 소식을 들었다 (나는 돈 한 푼이 아쉬운 외국인 노동자였으니 말이다). 하지만 동시에 매혹적인 소식도 듣게 되었다.

긴 연휴를 시작하기 앞서 통 큰 삼형제 사장님들이 직원들을 모두 초대해 회식 겸 연말 파티를 열 예정이니 시간이 된다면 꼭 참석하라는 소식이었다. 자세히 들어보니 레스토랑에서 같이 식사만 하는 단순한 자리가 아니었다. 매니저로부터 전해 들은 이야기는 이러했다.

"오전 중에 항구에서 만나 다 같이 배를 타고 낮 동안은 바다 위에 있을 거야. 그리고 저녁에는 바에서 노는 거지! 따로 챙겨 올

건 없고 바다 수영을 하고 싶으면 수영복 가져 와. 음식과 술은 모두 업장에서 준비할 거야."

일하던 식당은 지점이 두 개 있었고, 내가 일하던 곳은 작은 사이즈였지만 다른 한 지점은 좀 더 컸다. 고로 두 지점의 주방과 홀 직원들을 모두 초대하면 최소 서른 명. 이 식당이 그렇게 돈을 많을 버는 곳이었던가? 사업에 대한 개념이 전혀 없던 스물두 살짜리가 뭘 알았겠는가. 나는 그저 영어 스트레스 속에서 정확한 주문을 받고 서비스하느라 너무나 정신없었다. 내가 또 언제 이런 경험을 해볼까 싶어 참석하겠다고 의사를 밝히고 당일 아침 항구로 갔다.

어랏, 진짜 배를 빌렸다.

"So amazing…!"

유람선까지는 아니지만 제법 사이즈가 큰 배를 타고 보니, 온갖 식재료와 음식, 술이 가득…! 홀에서 같이 일하던 군인 출신 매니저가 내게 당부했다.

"오늘 우리는 일하는 게 아니야. 그러니까 서로 친구라고 생각하고 편하게 즐기면 돼!"

상대적으로 수줍은 동양인, 김민지는 나름 당당히 대답했지만 공사 구분이 참으로 명확한 서양인들을 보고 어안이 벙벙해져서 잠시 정신이 혼미했다. 하하하.

당시 나는 대학생이라 직장 생활은 안 해봤지만, 상사는 어디서

나 상사고 선배는 어디서나 선배라는 생각을 당연하게 하고 있었다. 하지만 서양인들은 아니었다. 우선 같이 일하던 군인 출신 매니저는 군대에서처럼 나를 엄하게 대한 적은 없었지만 몸에 베어 있는 칼각에 군더더기 없는 깔끔한 손님 응대, 적당한 친절과 엄격함이 있는 친구였다. 그런데 이날 배 위에선 한국 회식 자리에 있는 직장인 아저씨처럼 스카프를 이마에 두르고 한 손에 맥주를 들고 소리치며 사람들과 어울리고 있었다. 내가 알던 사람이 맞나? 홀에서 같이 일하던 캐나다 여자애는 사장 옆에 앉아서 같이 편하게 술을 마시며 이야기를 하더니, 어느 순간 사장의 허벅지를 베고 누워있는 게 아닌가? 이건 또 무슨 상황인가 싶었다. 문화 충격! 아무리 사석이라 해도 내가 일하는 곳의 상사라는 개념은 박혀 있지 않나? 아니 박혀 있어도 저럴 수 있구나. 아시아에서는 절대 상상할 수 없는, 공사를 명확히 구분하는 사람들이었다. 그렇게 충격적으로 자유로운 동료와 사장들의 모습을 보며 나도 그 순간을 누리고 즐기기 시작했다.

지금 생각해도 꿈같은 순간들이었다. 한쪽에서는 요리 담당 친구들이 그릴에 생선과 고기, 소시지와 채소를 굽고, 처음 보는 칵테일을 친절히 만들어 건네주었다. 한 번 맛을 보고 반해서 이게 무슨 칵테일인지 물어보니, '모히토'라고 했다. 쿠바에서 시작된 칵테일로 '마법의 주문'이라는 뜻의 'mojo'에서 유래되었다고. 음악이 흘러나오는 일렁이는 배 위에서 칵테일을 마시며 낯설지만 활기찬 에너지가 넘치는 사람들을 보니 절로 마법에 걸리는 기분이었다. 한 무리는 배 밖으로 뛰어내려 바다에서 수영을 하고, 가까워진 낯선 해변에는 사람들이 누드로 태닝을 즐기고 있었으니 그야말로 '영화 속의 한 장면' 같았다.

그렇게 몇 시간을 배를 타고 표류하다 해가 질 때쯤 정박을 했고, 다 같이 오페라 하우스에 있는 바로 이동했다. 도착하니 직원들 팔에 팔찌를 하나씩 채워줬다.

"먹고 싶은 거 말하고 이 팔찌 바코드를 찍어서 주문하면 돼."

호주 삼형제 사장님들이 바에 미리 돈을 지불해놓았고, 금액이 다할 때까지 먹고 또 마시란다. 하하. 잠시 일하는 외국인 알바생에 불과한 나까지도 이렇게 다 챙겨서 거대한 회식자리 겸 연말 파티를 준비하는 모습에 호주 사람들에게 이 시즌이 얼마나 중요하고 거한 행사인지 체감할 수 있었다. 단순히 놀자! 하는 생각이 아닌 열심히 일한 만큼 휴식 또한 제대로 즐기며 자기 보상을 하는 것이다. 모든 호주 업장이 그런 것은 아닐 테지만 나는 운이 좋게 여유 있는 그들의 문화를 슬쩍 맛볼 수 있었고, 동시에 착잡한 심정이 들었다.

연말에 대부분의 상점들이 1~2주 동안 문을 닫는데, 영업을 하는 상점 및 음식점들은 대부분 한국인들이 운영하는 곳이었고, 이들 중 몇몇에 대해서는 좋지 않은 이야기를 제법 듣기도 했다(소위 악덕 사장들이 많았다). 죽어라 일만 하는 한국인들의 근성. 저렴한 시급으로 사람을 고용해 과도하게 일을 시키는 상황. 이야기를 들어보면 각자의 사정이 있을까? 자영업을 하는 지금의 나는 분명 스물두 살의 김민지와 다른 시선을 갖고 있다. 한국도 아닌 타지에서 장사를 하려니 얼마나 더 힘이 들까. 각자의 사정을 다 헤아릴 수는 없지만 호주라는 나라에서 일을 해보니 한국과 호주가 얼마나 다른지 경험해볼 수 있었다.

  그렇게 마법의 주문이 걸린 듯한 연말을 보내고, 그 기운에 휩쓸려 시드니 하버브리지에서 열리는 황홀한 새해 불꽃놀이까지 본 뒤, 1월 중순 한국으로 귀국했다.

호주
– 허무주의에서 나를 구해준 책

필리핀과 호주를 다녀오고 나서 한동안 한국에 적응을 하지 못했다. 바로 복학을 할 수 없다는 생각이 강했고, 사실 1년 더 휴학을 하기로 마음의 결정을 내린 상태였다. 겉으로는 아무렇지 않게 생활을 하고 있었지만 정신은 그렇지 못했다. 후유증이 있었다. 우선 호주에서 5킬로그램 정도 살이 쪄서 귀국했는데 한국에 도착하자마자 너무나 마른 한국 여자들의 모습에 충격을 받고 스트레스를 받기 시작했다. 다채로운 체구와 체형의 나라, 호주에 있다가 왔으니 차이가 충격적으로 다가왔다. 더불어 취향과 식성이 한국보다는 호주와 더 잘 맞았다. 빵과 커피를 주식으로 먹는 사람이었으니 당시 한국의 빵들은 맛이 없게 느껴졌고, (맛 없는 빵을 먹을 때마다 기분이 나빠져서 문제였다) 호주에서 빠져버린 아보카도와 패션프루츠 그리고 치즈는 한국에서 고가였다. 더불어 샐러드를 즐겨 먹던 내게 한국에서의 외식은 참으로 힘들었다. 양념이 넘치는 한식보다는 깔끔한 샐러드를 좋아하는 식성이라 스타벅스를 계속 갈 수밖에 없었다. 내가 좋아하는 커피와 샌드위치 그리고 나만의 시공간을 보장받을 수 있는 곳. 그렇게 안식처 같은 곳에서 일기를 쓰며 생각했다.

'나는 왜 한국에서 살아야 하는가?'

물리학과를 졸업해서 취업을 하는 것도 확신이 없었지만 나의 생활 패턴이나 식성과 취향을 보면 예술 관련 문화를 더 다채롭게 즐길 수 있는 호주 또는 서양권 나라가 나와 더 잘 맞았다. 내가 한국에 머무는 이유는 가족과 친구들, 결국 '사람' 때문이었다. 외로움을 잘 느끼지 않는 성격임에도 불구하고 타지 생활은 다름을 느꼈기 때문이다. 그러다 이런 생각에 도달했다.

'또래 주변 친구들에 비해 다채로운 경험을 하고 한국에 돌아왔는데, 나의 시선과 정신은 발전한 것이 맞나?'

그렇지 않은 것 같았다. 나 자신이 한없이 부족하게만 보였고, 이런 생각은 필리핀에서도 불쑥불쑥 올라왔었다.

> 2007년 6월 20일
>
> 나는 수많은 것을 보았고,
>
> 나는 수많은 것을 들었고,
>
> 나는 수많은 것을 말했고,
>
> 나는 수많은 것을 경험했다.
>
> 하지만 지금 나에게 어떤 것이 남아 있는지 잘 모르겠다.

부모님의 도움을 받아 내가 하고 싶은 것을 마음껏 하며 감사한

1년을 보냈으니 그만큼 어떤 성과나 발전이 있어야 한다는 강박이 있었다. 분명 전보다 영어는 늘었지만 스스로 만족할 정도는 아니었고, 나라는 사람도 더 성숙해진 것 같지 않았다. 모든 것이 부질없게 느껴졌다. 이렇게 아등바등 사는 것이 무슨 의미일까? 결국 죽을 때면 누가 더 낫고 더 성숙한지는 아무런 의미가 없는, 그저 똑같은 인간일 뿐인데 말이다.

'다채로운 경험에 대한 회의감'이 들며 '허무주의'에 빠져들었다. 그렇다고 당장 죽어버리고 싶다는 생각과 용기는 없었다. 어차피 허망함 속에 죽을 거라면 인생의 다채로운 경험을 속성으로 해버리고 싶었다. 뷔페에 들어가 동서양의 음식과 디저트를 조금씩 다 맛보고 나오듯이 다양한 경험을 게임의 체험판처럼 해치우고 끝내고 싶은 기분이었달까. 그러다 이런 생각이 들었다.

'그래, 삶이란 게 허망한 것이라면 그 '허망함'을 제대로 느끼다 죽자. 그게 최선을 다한 삶이니까.'

'그럼 진정한 허망함을 느끼려면 어떻게 해야 하는 거지?'

고민하기 시작했다.

'아, 그 반대의 감정을 제대로 느끼면 되겠구나.'

슬픔의 시간을 겪어봐야 진정한 행복을 알 수 있는 것처럼 말이다. 그때부터 내가 원하는 만족과 희열, 행복을 제대로 느끼고 경험하기로 마음을 바꾸었다. 이 감정들을 진심으로 경험하면 죽을 때 '진정한 허망함'을 삼키며 미련 없이 이생을 떠날 수 있겠다고 생각했다.

그러던 어느 날, 인터넷에서 우연히 한 책의 글귀를 보았다.

평화로운 나날보다는, 나타나엘이여, 차라리 비장한 삶을 택하라. 나는 죽어서 잠드는 휴식 이외의 다른 휴식을 바라지 않는다. 내가 살아 있는 동안 만족시키지 못한 모든 욕망, 모든 에너지가 사후까지 살아남아서 나를 괴롭히게 되지 않을까 두렵다. 나는 내 속에서 대기하고 있는 모든 것을 이 땅 위에다가 다 표현한 다음 흡족한 마음으로 더 바랄 것 없이 완전하게 '절망하여' 죽기를 '희망'한다.

CHAPTER 2

이 글을 읽고 느꼈던 모든 감각이 새롭게 깨어나는 듯한 전율을 잊을 수 없다.

'그래. 이게 내가 원하던 바다! 더 이상 바라는 것 없이 완전하게 죽기를 희망한다!'

그렇게 앙드레 지드의 『지상의 양식』이라는 책을 만나게 되었다. 앙드레 지드? 생각이 났다! 내가 초등학교 때 방학 숙제 필독서로 읽었던 『좁은 문』의 작가였다. 이런 소설이 왜 명작인지 이해를 못하던 열한 살 소녀가 스물세 살이 되어 그의 다른 책과 강렬하게 마주한 것이다. 우연히 마주한 한 문단으로 책을 읽기 시작했는데 인상적인 문장에 밑줄을 치는 것을 포기할 정도로 처음부터 마지막까지 나의 마음을 휘어잡는 책이었다(앙드레 지드가 스물여덟에 이 책을 썼다는 사실을 알고 더 충격을 받았다). 자연을 향한 독특한 시선과 지상에서의 쾌락과 행복을 추구하겠다는 그의 결단과 체험들.

『지상의 양식』은 생애 처음으로 반복해서 읽는, 어쩌면 무교인 내게 성경과도 같이 마음을 다잡게 만들어주는 책이 되었고, 너덜너덜해진 첫 번째 책을 대신해 두 번째 책을, 그리고 프랑스 원서까지 구매해 소장하는 유일한 책이 되었다(각국의 언어로 번역된 『지상의 양식』을 수집하는 것이 꿈이다). 지금까지 내 삶의 나침반이 된 책이지만 언젠가는 나만의 나침반을 창조할 수 있기 바라며 책의 마지막 글귀를 남긴다.

내 책을 던져버려라.
이것은 인생과 대면하는 데서 있을 수 있는
수많은 자세 중 하나에 불과하다는 것을 명심해라.
너 자신의 자세를 찾아라.

너 자신의 내면 이외의 그 어느 곳에도
있지 않은 것이라고 느껴지는 것에만 집착하고,
그리고 초조하게 혹은 참을성을 가지고
너 자신을 아! 존재들 중에서도
결코 다른 것으로 대치할 수 없는 존재로 창조하라.

미국
- 힘들다길래 지원했습니다

    호주에서 한국으로 돌아갈 날이 얼마 남지 않았을 때 이미 마음은 결정을 내렸었다.
    '그래, 다음 나라는 미국이다!'

    특별한 사건이 있는 건 아니었다. 그냥 일을 하던 도중 이런 생각이 스쳤다.
    '호주 시드니만 해도 나에겐 광활하고 깊은 바다를 탐험하는 것 같은데, 뉴욕은 얼마나 더 어마어마하게 다채로울까?'

    내가 아는 정보로는 상상이 되지 않는 도시였다. 단순히 '호기심'이었다. 더불어 이 상태로 복학한 후 1년 뒤 취직을 하는 것은 납득이 되지 않았다. 다양한 나라와 문화 그리고 삶에 대한 호기심은 아직 충족되지 않은 것이다. 더군다나 빠른 연생이라 학교를 일찍 들어가서 그런지 괜스레 1년의 여유가 더 생긴 것만 같았다.
    '그래 지금 아니면 또 언제? 가보자!'

대신 호주에서 귀국하면서 여윳돈을 저축해서 들어온 상황은 아니었기에 최소한의 경비로 미국에 머물 방법을 찾아야 했다. 다시 과외를 찾고, 토익 공부를 하며 정보를 검색하기 시작했다. 단순히 뉴욕을 여행하는 것 말고 또 다른 경험을 해보고 싶었고, 그렇게 발견한 것이 '봉사활동'이었다.

'이거다! 2개월간 애리조나에서 봉사활동을 하고, 2주는 뉴욕 여행을 하고, 2주는 보스턴에 있는 이모 집에 머물며 쉬어야겠다.'

미국에서 어떤 시간을 보내고 싶은지 정리는 되었고, 이제는 부모님께 의사를 전달해야 했다. 두 분은 내가 하는 결정에 반대를 하신 적이 없었다. 물론 나를 100퍼센트 이해해서 매번 찬성하신 것은 아니었다. 걱정되는 부분들이 얼마나 많으셨겠는가. 그럼에도 그저 나를 믿고 내 뜻을 지지해주셨다.

어느 정도였냐면, 나는 중학교 1학년 첫 기말고사 때부터 수능까지 성적표를 보여드린 적이 없었다. 중학교 1학년 첫 기말고사 때 스스로도 용납할 수 없는 성적을 받았고, 이를 부모님께 보여드리기 너무나 싫었다. 그래서 회사에 있는 아빠에게 전화를 걸었다(핸드폰이 없던 시절이었다).

"아빠! 나 민지예요! 이번 시험 성적표가 나왔는데 저번보다 성적이 좀 떨어졌어요. 보여드리고 싶지 않은 점수라서 다음 시험 때 성적 올려서 보여드리고 싶어요. 아빠, 나 믿죠?"

"그럼, 민지 믿지. 힘내서 다음 시험 잘 준비해봐!"

그렇게 아빠는 정말 나를 믿고 성적표 언급을 더 이상 하지 않으셨다. 심지어 학교 성적표가 우편으로 집으로 와도 내 이름으로 온 것이니 내 책상 위에 곱게 올려두고 열어보지도 묻지도 않으셨다. 하지만 사람의 욕심은 끝이 없지 않은가? 당연히 만족스러운 점수는 끝없이 상향 조정되었고 어느 순간부터는 당연하게 성적표를 보여드리지 않았다. 그랬던 또 다른 이유는 어린 나이에 사람 심리를 빨리 이해하게 됐기 때문이다. 모르면 몰랐지 알게 되면 신경 쓰이는 게 '인간' 아니던가? 성적을 알게 되면 그때부터 더 신경을 쓰고 잔소리를 하실 것 같아서 그 어린 것이 미리 그런 상황을 차단했고, 부모님도 그냥 묵묵히 믿고 인내해주셨다. 심지어 수능 성적도 알리지 않고, 혼자 상담을 다니며 지원할 대학교를 다 정한 후에 통보하듯 알려드렸다(나중에 들은 이야기인데 고3 담임선생님께 따로 연락이 와서 수능 성적과 상황 이야기를 듣고 마음을 놓으셨다고 한다).

몸에서 사리가 나올 것같이 인내해주신 두 분에게 나는 또 청천벽력 같은 소식을 전해야 하는 상황이었다. 당시 부모님은 내가 당연히 복학을 한 후 취업을 하는 걸로 알고 계셨고, 아빠는 내가 빨리 결혼을 했으면 하는 바람도 갖고 계셨다. 문제는 가족 앞에서는 말랑말랑 예민 덩어리 울보 딸인 내가 어떻게 의사전달을 해야 하는지였다. 나의 생각을 전하다 부딪치다 보면 감정이 격해졌고, 결국 제대로 말을 끝내지 못하고 엉엉 울다가 씩씩거리기 일쑤였다. 이런 감정적인 기질을 쉽게 고칠 수 있다면 인생이 편하겠지만 나는 신이 아니니 나에게 맞는 의사 표현 방법을 찾아야 했다.

내가 찾은 방법은 편지를 쓰는 것이었다. 생각과 감정을 정리해가며 의사 전달하는 최고의 방법이었다. A4 용지 앞뒤를 빼곡히 채워 쓴 후 편지지에 옮겨 두 분께 전해드렸다. 편지의 내용을 다시 읽어보니 의지가 마치 독립운동가 같은 결연함이 느껴져 순간 웃음이 나기도 한다.

> 지난 1년 동안 배운 영어를 더 향상시키고 싶어요. 단순히 취업 영어로만 사용하고 끝내고 싶지 않아요. 항상 생각하는 게 있어요. 사회에 의해 만들어지는 내가 아닌, 스스로에 의해 만들어지는 내가 되자고. 제가 할 수 있는 한 최선을 다해보고 싶어요. 후회가 남지 않도록. 가망이 없다고 해서 시도도 해보지 않고 포기하는 건 너무 바보 같잖아요.

그렇게 설득을 둔갑한 통보 편지를 부모님께 드리고, 미국에서의 구체적인 계획을 세우기 시작했다. 먼저 미국 내 봉사활동을 알아보기 시작했다. 당시 가장 인기가 있었던 '워크캠프(WorkCamp)'. 제1차세계대전 이후 마을 재건을 위한 운동으로 시작해 전 세계 국제자원봉사활동으로 이어지고 있는 단체다. 현재 한국에서도 활동이 있으며 환경, 농업, 교육, 예술 등 다양한 분야가 있다. 그런데 김민지는 또 낯설고 희귀한 것에 매료되지 않던가. 이야기를 들어본 적이 없던 'ACE(American Conservation Experience)'라는 것을 발견하게 되었다. 미국 내 국립 공원과 숲에서 환경 보호를 위한 활동을 하는 것이었고, 소개 글에 '육체적으로 굉장히 힘든 환경 조건과 일'이란 부분에서 갑자기 꽂혔다.

엉뚱하게도 '힘들다'는 말에 매력을 느껴버린 것이다. 자연에 대한 애정? 환경 보호에 대한 뜻? 전혀 없었다. 내게는 그저 '호기심'과 새로운 것에 대한 '도전 정신'만 있었다.

어릴 적부터 여름휴가를 가다라도 아빠가 다니시던 회사 콘도에서 머무르며 관광지를 다녔지, 계곡을 놀러가 텐트를 치거나 하며 자연 속에서 시간을 보낸 경험이 없었다. 일요일 아침이면 아빠의 손에 억지로 이끌려 산에 다녔고, 그래서 한동안 산을 싫어하던 아이. 이런 내가 자연 환경 보호를 위해 야생으로 봉사활동을 지원하다니. 정말이지 예측 불가능한 삶이다.

그렇게 봉사활동 지원서를 작성하고 영어 면접을 보러 한국 담당 지사로 갔다. 이 활동을 왜 지원하는지 이해가 되지 않는다는 얼굴의 담당자가 생생하다.

"이 활동이 진짜 육체적으로 고돼서 여자들은 더 힘들 텐데 괜찮겠어요? 왜 하려고 하는 거예요?"

"힘들다길래, 그래서 해보고 싶었어요."

그렇게 덤덤하게 답을 하고, 합격 연락을 받은 후 45리터 배낭을 사서 떠날 준비를 했다.

미국
- 불편함의 편리함

 야생을 모르는 온실 도시 인간이 머리까지 올라오는 큰 배낭을 매고 생전 처음 미국, 미지의 애리조나에 들어섰다. 현지에 도착해 안내를 듣고 마트 까르푸(Carrefour)에 가서 필요한 등산 신발과 침낭, 청바지 등을 사와 프로젝트에 떠날 준비를 했다. 봉사활동 기간은 8주였고, 한 달 단위로 프로젝트 스케줄이 나왔다. 프로젝트는 4~11일, 애리조나주 또는 유타주에 있는 국립공원이나 숲으로 가게 되며, 매번 팀원과 리더는 달라진다. 프로젝트를 다녀온 후는 며칠 동안 쉬는 날이 주어진다. 프로젝트를 떠날 경우는 야외에서 개인 텐트를 치고 숙박을 하고, 평상시에는 봉사활동자들과 직원들이 사는 숙소에서 머문다. 일반 주택이라 넓은 거실과 주방이 있었고 1층과 2층에는 다인실로 만들어진 방이 있었다. 각자 배정된 방에 짐을 두며 생활하는 것이다.
 첫 프로젝트는 말로만 듣던 그랜드캐니언의 사우스림(South rim)이었다. 팀원 열 명과 리더 두 명이 함께했다. 일주일 동안 먹을 식재료들을 큰 아이스박스에 담고, 버너와 식기류, 열두 개의 배낭과 열두 명의 사람을 가득 실은 밴을 타고 출발했다. 처음 보

는 다양한 국적의 사람들에게 둘러싸여 미국 라디오를 들으며 낯선 사막 같은 길을 달리고 달렸다.

프로젝트 장소에 도착하자마자 하는 것은 일주일 동안 머물 캠핑 자리에 각자 텐트를 치고, 짐을 정리하는 것. 그런데 나는 살면서 텐트를 쳐본 적도, 구경해본 적도 없었다. 하하하. 주변 유럽 친구들을 보니 캠핑을 많이 다니는 문화인지 알아서 뚝딱뚝딱 세팅을 하고 있었다. 그 친구들을 슬쩍 보며 따라 하다 안 되겠다 싶어 도움을 청해가며 내 인생 첫 텐트를 치게 되었다. 텐트를 친 후에는 식당이 될 구역을 정하고 버너와 간이 테이블, 아이스박스를 둔 후, 물을 받으러 가야 했다. 이게 무슨 말이냐면…. 국립공원 내 텐트를 치는 장소는 관광객들이 들어올 수 없었고, 사람들 눈에 띄지 않는 곳이라 수도시설도 화장실도 없었다는 말이다. 고로 샤워는 물론 세수를 할 곳도, 화장실 용무를 해결할 변기도 없었다. 그러다 보니 아침저녁으로 물티슈로 얼굴과 손발을 닦고, 2~3일에 한 번씩 샤워 시설이 있는 곳에 데려다주면 재빠르게 씻고 나왔다. 화장실 용무는 작은 것의 경우 그냥 사람이 없는 곳에서 해결하면 된다. 큰 용무의 경우, 캠핑장 나무 아래 세워둔 삽과 지퍼백에 든 휴지를 들고 인적이 없는 곳에 가서 땅을 파고, 해결 후 야무지게 흙을 덮고 오면 된다. 그곳이 바로 나의 화장실인 것이다. 한국에 있는 친구들에게 이런 상황을 전하자 남자 사람 친구들은 하나같이 이렇게 말했다.

"너 군대 갔어? 거기서 뭐 하는 거야…?"

내가 생각해도 상상을 초월하는 근무 환경이었다. 심지어 과민

성대장증후군이 있는 나였으니 얼마나 불안하고 불편했겠는가. 심지어 국립공원 내 일을 하는 장소도 대부분 화장실과는 떨어진 곳이었기 때문에 일을 하다가 화장실 신호가 오면 그냥 조용히 어디론가 사라져 해결하고 왔다. 어떤 때는 초목이 없는 드넓은 사막 같은 곳에서 일을 했는데 가려지는 곳이 없어서 다들 애를 먹기도 했다. 그래서 큰 바위를 하나 발견하면 서로 망을 봐주며 겨우 해결하는, 관계가 돈독해질 수밖에 없는 상황들의 연속이었다.

　화장실 에피소드 관련해서 꼭 생각나는 한 사람, 내가 본 사람 중 가장 시원하고 털털했던 스페인 여자애가 있다. 일하던 도중 신호가 왔는데 휴지가 없었던 것이다. 그래서 휴지 대신 옆에 있던 보드라운 잎사귀를 뜯어서 해결했다는 말에 다들 박장대소를 했던 잊을 수 없는 기억이 있다. 재미나게도 플로리스트가 된 후 그 잎사귀가 '램스이어'라는 것을 알게 되었다. 램스이어는 이름 그대로 양의 귀를 만지듯 부드러운 은백색의 털이 뒤덮인 귀여운 식물이다(지금도 램스이어만 보면 그 친구가 생각난다).

　묘했다. 처음엔 화장실이 없는 곳에서 생활해야 하는 게 너무나도 충격적이고 불편했다. 그런데 가만히 생각해보니 저 넓은 들판이 다 나의 화장실이었다. 도시에서는 화장실을 찾아다녀야 했고, 그곳에서만 용무를 해결할 수 있다(길에서 용무를 해결할 수는 없지 않은가). 하지만 야생은 모든 곳이 나의 화장실이었다. 어라, 불편한 환경이 아니라 '편리한 환경'이었다.

　도시인의 입장에서 본다면 불편한 것은 화장실만이 아니었다. 캠핑장에서 다 같이 요리를 해서 아침과 저녁 식사를 해결했고 점심 도시락도 쌌다. 비가 오면 우비를 입은 채로 식사를 준비했고,

먹고 나온 설거지는 큰 통에 물을 담아 세제를 푼 후 다 모아 담근 후 길어다 둔 물을 아껴가며 하나씩 씻었다. 콸콸 물이 나오는 수도꼭지 아래서 시원하게 설거지를 하던 내 모습이 떠올랐다(필요 이상의 물을 열심히 사용하고 있었던 것이다). 어쩌면 미국에서는 상대적으로 좀 더러운 생활을 했던 건지도 모르겠다. 위생으로 인해 몸에 문제가 생긴 적은 전혀 없었으니 그 정도는 아니었던 것 같기도 하고.

타고난 성격도 있겠지만 야생에서 자유로움을 많이 느꼈다. 원래도 남 신경 안 쓰는 태평한 성격인데 맘이 더 편해졌는지 일을 하다가도 길에 그냥 눕거나, 심지어 절벽에서도 잠을 잘 잤다(이때 후유증으로 한국에 와서도 벤치에 누워서 잘 잤다).

'도시'가 달리 보이기 시작했다. 보다 나은 삶을 위해 개발된 도시는 어쩌면 더 많은 불편함으로 채워진 곳 같았다. 도심 속에서의 일상은 이걸 신경 써서 저길 가야 하고, 저걸 신경 써서 이걸 챙겨야 하고. 편리함을 위해 불편함이 창조되는 구조 같았다. 극단적으로 다른 환경에서 생활을 하니 도시가 가진 '속박'들이 보였고, 야생의 '자유'가 느껴졌다.

광활한 자연 속에서 인간은 너무나 미미하게 느껴졌다. 도시와 사회, 나아가 세상은 무엇을 위해 흘러가고 있는 것인지 의문이 들기도 했다. 세상을 향한 염세적인 시선을 가진 채 경이로운 야생에서 다양한 나라의 친구들과 함께 고된 일을 하며 모닥불 앞에서 보낸 시간을 잊을 수 없다. 옆에 있는 나뭇가지를 주워 마시멜로나 바나나를 꽂아 불에 구워가며 이런저런 이야기를 나누고, 은하수가 육안으로 보이는 밤하늘을 나만을 위한 선물마냥 맘껏 누

다르고 이상하고 아름다운

리다 텐트에 들어가 잠을 청하는 야생에서의 경험. 이는 나를 꽃과 자연을 다루는 길로 이끄는 운명의 힘이었을까? 그리고 분명 이때의 반짝였던 감각의 기록들은 현재의 작업과 삶에 묻어나오고 있을 것이다.

미국
- 탈수증과 전갈

　탈수증은 처음 플래그스태프(Flagstaff)에 도착하고 다음 날 바로 경험했다. 밤늦게 도착했기에 다음 날 아침 숙소 거실에서 회의를 했다. 숙소에 머무는 동안과 프로젝트 중의 주의 사항에 대한 안내가 있었고, 가장 강조하던 것은 '탈수증'이었다. 애리조나는 1년 내내 고온 건조한 지역이어서 매일 물과 이온음료 그리고 소금 섭취와 소변 체크를 무조건 해야 한다고 주의를 주었다.

　그리고 나는 회의 중간에 그 이유를 몸소 체험했다. 회의가 끝날 무렵 갑자기 귀에서 삐 소리가 나기 시작하고, 머리가 핑 돌면서 현기증이 심하게 났다. 바로 담당자에게 말을 했더니 나에게 물을 마시게 하고 휴식을 권했는데, 생각해보니 어제 숙소 도착해서 바로 자고 일어나 물 한 모금 마시지 않았다는 사실이 떠올랐다. 당시 나는 하루에 물을 한 컵을 마실까 싶을 정도로 물을 찾아 마시는 사람이 아니었다. 우선 갈증이 나지 않아서 마시지 않았지만, 대체 한국에서 어느 누가 "밥 먹었니?"도 아니고 "물 마셨니?"라고 물어본단 말인가?

　어쨌든 그 후로는 정말 살기 위해 '물'과 '소금' 섭취를 의식적으로 했다. 일과 중에는 매일 생수 3리터와 게토레이 3리터(게토레이는 가루가 있어서 생수에 타서 마시면 됐다)를 마셨고, 체격과 상관없이 유럽 남자애들은 하루에 물과 게토레이를 9리터나 마셨다. 더불어 프링글스나 프레첼 같은 짭조름한 과자 섭취와 규칙적인 소변 보기도 중요했기 때문에 리더들은 팀원들에게 "물 마셨어? 화장실 다녀왔어?"라고 계속 물어보며 확인했다.

고온 건조함을 나의 몸으로도 느꼈지만 제일 입이 떡 벌어졌던 것은 한국에서 가져간 마스크팩을 하고 잔 날이었다. 한국의 여름은 고온 다습해서 여름에 팩을 오랫동안 붙이고 있을 수가 없었는데 이곳에서 팩을 붙이고 자고 일어났더니, 팩이 바싹 말라서 얼굴에서 도망을 갔더라. 마스크팩이 다 말라버린 모습이라니 내 생애 처음 보는 광경이었다.

한국에서는 상상도 못한 생존의 위협을 느끼며 하루하루 보냈고, 위험 요소가 기후만은 아니었다. 보통 프로젝트는 개인 텐트를 들고 가서 야외에서 생활하는데, 버펄로그래스 프로젝트는 대학 팀과 함께하는 프로젝트여서 대학 건물에서 숙식을 할 수 있었다. 부엌과 거실이 있었고, 여러 개의 방에는 이층 침대가 있는 쾌적한 프로젝트 중 하나였다. 더불어 기온이 유난히 더 높은 지역이라 해가 막 뜨기 시작할 때 일을 시작해서 정오에는 끝나는, 생각보다 여유로운 스케줄이었다(정오가 되면 장갑 안에 땀이 고일 정도였다).

그러던 어느 날, 이층 침대에서 잠을 곤히 자다가 등에 강한 통증을 느껴 나도 모르게 악! 소리를 외치며 스프링처럼 일어났다. 등에 무언가 박힌 거 같아서 손으로 등을 더듬는데 아무것도 만져

지지 않았다. 그렇지만 통증은 너무나도 명확해서 밑에 자고 있던 친구를 깨워 방에 불을 켜달라고 했다. 친구가 봐도 내 등엔 아무것도 없었다. 누워 있던 침대 시트를 뒤적이며 나뭇가지나 모래가 있나 찾기 시작했고, 나를 한 번에 일어나게 만든 주인공을 금방 발견할 수 있었다.

그 주인공은 바로 '전갈'.

새하얀 시트 위에 덩그러니 놓여 있던 것은 반투명 베이지 색깔의 전갈이었다. 내 인생에 전갈을 볼 거라고 상상이나 해봤겠는가? 이번 생에 못 볼 수도 있는, 책에서만 볼 동물이라 생각했다. 더 충격적이었던 건, 전갈이라 하면 짙은 고동색을 떠올렸는데 반투명한 베이지색이라니? 그 충격은 아직도 잊을 수 없고, 오죽했으면 발견하자마자 너무 놀라서 이층 침대에서 뛰어내렸다. 그리곤 바로 맞은편 방에서 자고 있던 리더를 깨우며 외쳤다.

"Scorpion! Scorpion! Scorpion!"

자고 있던 리더도 놀라서 신고 있던 슬리퍼로 전갈을 저세상으로 보내셨다. 야외에서 텐트 생활을 할 때도 아무 사건 사고 없이 평온하게 보냈는데 쾌적한 건물 안 침대에서 자다가 이런 일이 생기다니. 삶은 언제나 흥미진진 예측 불가능 아니던가. 겁이 없는 나조차도 그 방에서는 더 이상 잘 수가 없었고, 다른 빈방에서 홀로 잠을 청했다. 작은 바늘로 '콕' 찔린 듯한 느낌이었는데 통증은 등의 3분의 1에서 느껴졌다. 욱신거리며 불타오르는 그 느낌을 외면하기 위해 등에 얼음 팩을 댄 채 잠이 들었다.

다음 날 아침 현지 관계자들이 왔고, 내 상태를 보더니 아스피린을 먹고 우선 쉬라고 했다. 어린아이였다면 생명의 위험이 있지만 성인이니 크게 걱정할 필요가 없다며 24시간 뒤엔 통증이 사라질 거라고 안심시켜주었다. 그렇게 홀로 숙소에 남아 스도쿠를 하고 책을 읽으며 휴식을 취했고, 싱크대에서는 두 마리의 전갈이 또 발견되었으며, 정말 귀신같이 24시간이 지나자 통증이 사라졌다.

이 사건 이후로, 자꾸 모르는 봉사자들이 내게 다가와 네가 전갈에 쩔린 그 사람이냐며 묻기 시작했고, 나는 그날의 상황을 열심히 설명해야 하는 웃긴 일들이 반복되었다.

다행히 몸엔 별다른 이상은 없었고, 미국의 야생을 더 즐기고 싶은 마음에 부모님께 굳이 말을 하지 않았다. 한국에 돌아가서도 한참이 흐른 후에야 말씀드렸고, 이 이야기를 들으신 후로 엄마는 몸에 어떤 증상이 나타나면 무조건 전갈 때문 아니냐고 의심하셨다. 하하하.

한국을 벗어나 낯선 환경 속에 나를 내던지니 다채로운 사람과 생각을 만나게 되었고, 환경 또한 상상을 초월했다. 책에서만 보던 전갈, 영화 속에서 보던 크고 털이 복슬복슬한 거미, 사막에서 만난 방울뱀, 나무같이 큰 선인장, 특이한 형태의 초목 그리고 처음 보는 꽃들. 용기 있게 나아간 그곳에는 나의 상상을 넘어서는 다양성이 있었다.

용기 있게 나아간 그곳에는
나의 상상을 넘어서는 다양성이 있었다.

미국
– 영혼의 사진을 찍다

ACE의 직원들은 봉사자들이 머무는 숙소에서 같이 지냈다. 사무, 숙소 관리, 프로젝트 음식 관리 등등 여러 업무의 직원들이 있었고, 내가 머물던 숙소에는 일본인과 네팔인 직원이 같이 지내고 있었다. 프로젝트를 같이 가는 직원들은 아니었기 때문에 마주칠 일이 잘 없었는데 어느 날은 쉬는 날이 겹쳐 네팔인 직원과 함께 같이 밥을 먹으며 이야기를 나누게 되었다.

그는 '영혼'이 찍힌 사진을 수집하고 있다고 했다. 그러면서 한 사진을 보여줬는데 귀퉁이에 뿌연 연기 같은 어떤 흐름이 찍혀 있는 사진이었다. 그것이 영혼인 것 같다고 말을 했다. 우리의 일상 속 여기저기에 영혼이 있을 것이고, 그런 영혼의 흔적과 증거를 찾는 것이 흥미롭다고 그는 말했다.

나는 궁금했다. 영혼이라는 것이 이 친구에게 어떤 '의미'길래 이렇게 찾아다니는 걸까.

"영혼이 너에게 어떤 의미야?"

그는 약간의 정적 후에 대답했다(의미를 머릿속에서 정리하고 있는 거라 생각했다).

"오, 좋은 질문이야! 이제부터 생각해봐야겠어!"

What the hell…. 어이가 없었다. 아니, 자신에게 어떤 의미인지도 모르고 찾아다닌다고? 농담이 먹히지 않고 매사 진지하게 받아들이는 나에게는 너무나 충격적인 답변이었다.

정확한 이유는 모르겠지만 그냥 마음이 끌린다거나 하는 답도 아니고, 생각해본 적이 없다고? 그것을 찾아다니는 이유와 의미에 대한 인지조차 없었다고? 나의 상상과 상식을 초월하는 답변 그리고 솔직함이었다. 나는 당황스러움을 크게 표출하지 않고, 언젠가는 의미를 찾길 바란다고 말하며 행운을 빌어주었다.

아, 어떤 사람들은 이 정도의 마음으로도 좋아한다고, 의미가 있다고 말을 하는구나. 생각보다 많은 것들이, 아니 모든 것들이 절대적이지 않고 상대적이며, 정답이란 것은 없구나 싶었다. 그리고 책을 쓰면서 일기장을 다시 들춰보니 미국에 가기 전에도 비슷한 생각을 했었음을 알게 되었다.

2008.02.09

사람들은 이상하다.

입으로는 '원한다'고 말하지만

시도도 하지 않고, 불가능하다 여긴다.

진심으로 원하는 게 맞는 걸까?

사람들은 같은 물체를 바라보더라도 미묘하게 다른 색깔로 인지한다고 하지 않던가. 같은 와인을 마시면서 서로 다른 맛을 말하기도 하고, 내게는 부드러운 스웨터가 누군가에게는 까칠하게 느껴져 입기 힘들고, 같은 영화를 보더라도 모든 이가 똑같이 울거나 감동을 받는 건 아니지 않던가. 내가 말하는 '진심'과 네가 말하는 '진심'은 다른 것. 우리는 같은 표현을 사용한다고 생각하지만 어쩌면 다른 표현이며 완벽한 의사소통과 공감이란 것은 상상 속의 유니콘일지도 모르겠다.

네팔인 직원과는 그 이후로 한 두 번 정도 마주치고 길게 이야기를 나눌 일은 없었다. 17년이 지난 지금 그는 그 의미를 찾았을까? 왜 자신이 영혼이 담긴 사진을 찍고 수집하는지. 아니지, 이유 없이 무언가를 쫓을 수도 있는 거 아닌가. 여전히 막혀 있는 내 사고방식을 다시 한번 깨닫는다. 작가마다 다양한 동기와 메시지를 담아, 또는 특별한 메시지 없이 작업하는 것처럼 무언가를 행하는 이유는 다채롭고 그 마음의 무게도 다양하다. 그저 차이를 알아가며 나라는 사람을 좀 더 명확하게 인지하고 그려나갈 뿐이다. 그와 동시에 세상의 다양성이 만들어진다.

미국
- "그런 삶도 있지만
그게 유일한 길은 아니지."

   미국에서의 봉사활동이 아니었다면 다양한 국적의 유럽 친구들과 이렇게 가까워질 수 있었을까 싶다. 미국에 오기 전에 이미 40일 유럽 배낭여행, 필리핀 어학연수, 호주 워킹홀리데이, 동생과의 일본 여행까지. 제법 다양한 이유로 해외를 다녔고, 그 과정에서 여러 국적의 사람들과 어울려 지내는 경험이 있었지만 서양인들을 볼 때마다 항상 느껴지는 '벽'이 있었다. 그들이 세운 벽이라기보다는 동서양의 차이로 인해 자연스럽게 생긴 벽이라고 할 수 있겠다.

   해외에서 만난 일본인은 외국인이라고 거의 느끼지 못한다. 둘 다 영어를 잘 못해도 눈빛으로 무슨 말을 하고 싶은지, 어떤 감정인지를 직감적으로 이해했고, 긴 대화 없이도 편하게 시간을 보낼 수 있었다. 반면에 서양 친구들과는 희한하게 길게 대화를 하기 힘들었고, 그러다 보니 같이 오랜 시간을 보내는 상황이 드물었다. 수업 시간에 만나 대화하는 게 전부거나 여행 중 호스텔에서 만나도 서로 인사나 간단한 자기소개에서 멈출 뿐이었다. 아무래도 편한 일본 또는 중국인들과 자석처럼 이끌려 어울리게 되니 더 기회가 없었던 것 같다. 여러 면에서 다르다 보니 자유로운 상황에서 어쩔 수 없이 동서양이 나뉘어 그룹이 만들어지는 경우가 많았다.

반면에 미국에서의 봉사활동은 그럴 수가 없었다. 우선 구성 비율만 봐도 불가능했다. 당시 백여 명 정도의 봉사자들 중 다섯 명의 아시아인 빼고는 거의 다 유럽 국가에서 온 친구들이었고, 가끔 한두 명 정도의 미국 또는 캐나다 친구가 있었다. 그래서 프로젝트가 정해질 때마다 팀에는 동양인이 한두 명 정도에 아예 없기도 했다. 고로 24시간을 서양인들 사이에서 유일한 동양인으로 있어야 하는 상황이 두 달 동안 이어진 것이다. 더군다나 쾌적하고 편안한 상황이 아닌, 씻지 못하는 고온 건조한 환경에서 신체적으로 힘들고 지루한 노동을 이어가야 했다(삽질, 바위 깨기, 트레킹 길 만들기, 잡초 뽑기, 약 뿌리기 등등의 노동 말이다). 조금은 버거운 상황 속에서 동고동락하니 서로 챙겨주며 의지하면서 가까워질 수밖에 없었다.

어쩌면 반강압적으로 그들과 가깝게 지내다 보니 동서양의 차이를 경험하는 일이 많았다. 서양인들의 개인주의는 평상시 밥을 먹을 때도 느꼈다. 여러 명이 식사를 하게 되는 경우 개인 앞접시와 포크를 옆에 친구의 것까지 챙기는 게 동양인들의 자연스러운 모습이지만 서양 친구들은 낯설어하며 유난히 친절한 사람이라고 받아들였다.

한번은 황당해서 웃음이 빵 터진 사건이 있었다. 독일 친구 두 명과 영국 친구 한 명 그리고 나 이렇게 넷이서 쉬는 날 당일치기로 여행을 다녀온 적이 있었다. 운전해서 이동하는 길에 휴게소를 들렸는데 당시 내가 배가 너무 고파서 도넛 한 박스를 샀고, 세 명의 친구들에게 먹고 싶음 먹으라고 권했었다. 그때 독일 친구가 너무나 정중하게 물었다.

"내가 도넛 하나 먹으면 그 값을 너한테 지불하면 되는 거야?"

상상해보지 못한 질문이었고, 나는 웃음을 빵 터뜨리며 말했다.
"아니야, 지불하지 않아도 돼, 한국에선 친구들끼리 편하게 나눠 먹기도 하거든."
"정말? 신기하고 흥미로운 문화다. 그럼 하나 먹을게. 고마워!"

그 친구는 정말 조심스럽게 도넛 하나를 집어 먹었고, 같이 있던 자기 주관 강했던 영국 친구는 자신은 이해할 수 없다며 그건 '너의 도넛'이라며 결국 하나도 먹지 않았다. 이렇게 서로 다름을 마주하게 되는 상황은 당시 내게 전혀 불쾌하지 않았고 흥미로울 뿐이었다. 서로의 다름을 너무나 잘 알고 있었고 '다름'을 당연하게 받아들이고 존중해주는 것이 서양인들의 사고방식이었다. 서로에게 피해만 주지 않는다면 되는 것이다.

또 한번은 쉬는 날 다 같이 집에서 영화를 본 적이 있었다. 일본 공포 영화 〈링〉이었고, 공포가 때론 누군가에겐 코미디가 될 수 있음을 그날 알게 되었다. 나를 포함한 한국인 세 명과 영국 친구와 독일 친구가 함께 영화를 보았고, 영화가 진행될수록 웃긴 모습이 연출되었다. 한국 친구들은 눈을 중간중간 가리며 벌벌 떨며 영화를 보고 있었고, 서양 친구들은 저거 다 가짜라며 웃고 있었다. 귀신이란 존재는 동양인에게 공포감을 주지만 서양인에게 분장한 사람으로만 보이고, 왜 공포를 느끼는지 갸우뚱거리며 웃을 뿐이었다. 가만히 생각해보니 서양 공포 영화라 하면 긴박감 넘치는 잔인한 영화들이었으니 여기서 동서양의 차이를 또 한 번 마주했다.

물론 모든 서양인들이 일관된 특징을 갖고 있는 것은 아니다. 하지만 이런 경험을 하다 보니 서양인들은 동양인, 특히 아시아인들과는 '다른 삶의 방향성과 기준'으로 살아갈 거라 생각했다. 아무래도 개인주의 성향이 강하니 좀 더 자기 주관대로 삶을 능동적으로 개척하며 넓은 스펙트럼 속에서 살 거라 추측했다. 한데 그건 나의 '착각'이었다.

자주 같은 팀이 되었던 벨기에 남자애가 있었다. 그 친구가 나보다 먼저 봉사활동 기간이 끝났고, 플래그스태프를 떠나기 전 같이 밥을 먹으며 각자 고국으로 돌아갔을 때의 삶에 대해 이야기하는데 그 친구가 내게 이렇게 말했다.

"결국 너도 한국에 돌아가면 대학교를 졸업하고, 좋은 회사에 취직해서 돈 많은 멋진 남자를 만나 결혼하고 아기 낳고 사는 게 목표 아니야?"

이 말을 듣자마자 받은 충격이 아주 생생하다. 내가 지금 벨기에 사람으로 변장한 한국 남자와 이야기하고 있는 건가 하는 착각이 들 정도였다. 그리고 갑자기 서양인 친구가 아닌 그저 한 인간으로 보이기 시작했다. 그렇게 엄청난 충격과 혼돈에 사로잡혔지만 겉으론 태연하게 대답했다(어쩌면 나만의 생각일지도 모른다).

"그런 삶도 있지만 그게 유일한 길은 아니지."

친구와 이야기를 마무리 짓고 작별 인사를 했다(서로 논쟁은 없었다. 음악적 취향이 비슷해서 사이좋게 잘 지내던 친구였다). 분명 다르게 태어난 부분들이 명확했지만 결국 한 인간으로서 굉장히 비슷한 고민을 하며 사는구나 싶었다. 물론 정도의 차이는 있겠지만 결국 'We are the One'이랄까.

미국 애리조나에서 봉사활동을 하면서 다채로운 삶의 모습을 본 건 분명했다. 봉사 단체에서 일하는 스태프들만 봐도 그랬다. 한 여자 리더는 나이가 곧 예순이었지만 머리를 양 갈래로 땋고 다녔고, 이곳에서 남자친구를 만났으며, 계약이 끝나면 같이 북유럽으로 다른 일을 하러 간다고 했다. 한국에서 30대면 결혼을 해야 하는 나이, 안정적인 직장이 있어야 하는 나이 등 정해진 틀이 있다면 다양한 국적의 이곳 직원들은 결혼에 얽매이지 않고 자신이 무엇을 하고 싶은지에 집중하며 과감히 살아가고 있었다. 결혼을 빨리 하는 것이 나쁘다는 것은 아니다. 그저 나의 머릿속에 있던 '결혼과 삶의 모습'에 '다양성'을 불어넣어준 것이다.

여러 만남을 통해 내가 한국에서 본 삶의 모습이 전부가 아님을, 세상이 만들어준 선택지가 아니어도 내가 새로운 항목을 추가하여 나만의 삶을 만들어갈 수 있음을 깨달았다. 가까이에서 본다면 각기 다른 다채로운 인생을 살아가고 있는 것은 맞지만, 그 다양한 길을 걸어가면서 하는 고민들은 결국 비슷할 것이다. 어떻게 하면 내가 진심으로 원하는 행복 속에서 살 수 있는지 말이다.

CHAPTER

3

과도기
- 날카로운 온기의 답장

그렇게 망아지처럼 가고 싶은 곳을 가고, 하고 싶은 것을 하며 2년을 보냈고, 4학년 복학을 준비하면서 생각했다.

'물리를 전공해서 회사에 다니는 삶은 껍데기만 존재한 채로 숨만 쉬며 살아가는 느낌일 것 같아.'

그렇다고 박사까지 공부할 열정은 없었고, 계속해서 올라오는 미술과 디자인에 대한 욕구를 마주해야 했다. 하지만 갑자기 자퇴를 하고 미대 진학을 준비할 수는 없었다.

'그래, 정말 내가 하고 싶은 대로 맘껏 하고 살았다! 이제는 내 앞에 있는 현실을 직시하고 어른처럼 살아보자!'

현실 타협이란 것을 머릿속에 넣어보았다.

'미술 관련 일을 바로 할 수 없다면? 그다음으로 내게 적합한 직업은 무엇일까?'

고민하다 내 눈에 들어온 직업은 '잡지 에디터'였다. 항상 관심사가 다채로웠고, 그것들을 알아가는 과정을 즐기는 내게 에디터라는 직업 또한 적성에 맞겠다는 판단이 섰다.

'그래, 우선 돈을 벌어야 하니까 에디터 일을 하면서 미술이나 디자인 쪽을 다시 도전할 수 있게 자금을 모으고, 근접한 영역으로 다가가는 방법도 좋겠다.'

우선 좋아하는 잡지들을 찾아 읽고, 글쓰기 관련 교양수업을 듣기 시작했다. 관심이 없는 분야는 완벽하게 쳐다보지 않는 성격이어서 글 쓰는 것은 일기가 전부였고, 책을 읽기 시작한 지도 오래 되지 않았으니 글에 관해선 순수한 백지상태였다(정말 무지해서 용감하게 도전했구나 싶다). 에디터는 다양한 정보를 분석해서 일목요연하고도 매력적인 글을 써야 하기에 연습의 의미로 공모전에 도전하기 시작했다.

그렇게 글쓰기 관련 공모전을 알아보며 하나씩 지원을 하고 있었고, 놀랍게도 이 초짜가 입상을 하는 일도 생겼다. 'NIE 신문사랑 공모전' 사회 부문에 장려상을 입상했고, 소정의 상금까지 받아버린 것이다…. 물리학을 전공하는 딸이 사회 관련 글을 써서 입상했다니 부모님도 소식을 듣고 순간 어리둥절하셨지만 이후 열리는 시상식에도 와주셨던 생뚱맞은 경험이 있다.

출품한 글은 당시 대두되고 있던 '다문화 가정'에 대하는 '태도'에 관한 것이었다. 결혼을 하지 못한 시골 중년 남성들이 필리핀이나 베트남 같은 나라의 여자들과 중매로 결혼하는 일이 증가했고, 자연스럽게 외국인 아내와 혼혈 아이가 있는 가정이 증가했다. 이들을 보호하며 적응을 돕는 사회적인 제도도 필요하지만 어쩌면 그보다 먼저 '개인의 시선과 태도'가 중요하다고 생각했다. 이전까지와는 다른 가족 형태를 우리는 어떻게 받아들여야 하는지 그 태도를 책『카네기 인간관계론』을 통해서 설명했고, 어리숙한 그 글이 입상을 해버렸다.

아이 같은 걸음마였지만 거침없이 나아가고 있었고, 잡지 에디터라는 직업을 좀 더 면밀히 이해하고자 관심 있던 잡지사 편집장님들에게 질문을 적어 이메일을 보내기도 했다. 열 명에게 이메일을 보냈고, 읽어주기만 해도 감사한 일이라 생각하며 답장에 대해서는 마음을 비우고 있었다. 수신 확인을 하고 비어 있는 편지함을 확인하던 날의 연속이던 중! 이럴 수가! 여행 잡지사 편집장님이 답장을 해주셨다(결국 이분의 답장이 유일했다)!

답장을 읽고 받은 느낌은 '참 날카롭고 따뜻하다'였다. 우선, 나는 엄청난 실수를 했다. 편집장님의 이름을 잘못 써서 보낸 것이다…(보기보다 차분하지 못하고 급한 성격이 이렇게 드러난다) 하… 이건 변명의 여지가 없는 나의 불찰이었다. 그분은 7분가량 고민을 하고 답장한다는 말로 이메일을 시작하셨다.

> 이름을 반복해서 잘못 적어 보내고 … 대학 과정을 성실히 수료한 젊은이로서 스스로 고민하고 공부해서 노력한 끝에 얻어진 질문이라기보다는 대단히 기초적인 동시에 건조하고 성의가 부족한 질문들입니다. … 한마디로 호기심은 강하나 열의와 준비성은 부족한 메일이었습니다. 하지만 그럼에도 불구하고 열의를 열정과 열망으로 키우시고, 철저한 준비와 학습으로 성실히 노력한다면 충분히

좋은 여행 기자가 될 수 있습니다.
진심으로 원한다면, 노력하십시오!

CHAPTER 3

아주 객관적이고 신랄하지만 온기가 담긴 피드백을 받았다. 답장을 읽고 신기하게도 절망감이 들지 않았다. 맞는 말씀을 해주셨고, 덕분에 나 자신을 객관적으로 냉정하게 보게 되었다.
'그래, 내가 여러모로 부족한 건 사실이다. 그럼 나는 이제 무엇을 더 노력해야 할까?'

나는 그 답장을 프린트해서 한동안 지갑에 넣고 다녔다. 해이해질 때마다 꺼내 보면서 나에게 채찍과 당근을 주기 위해서.

과도기
- 틀리다 VS 다르다

그렇게 날카롭지만 온기가 담긴 이메일을 받고, 생각보다 덤덤하게 한 걸음 물러서서 나 자신을 바라보게 되었다. 그러던 와중에 글쓰기 관련 교양수업에서 발표를 해야 하는 시간이 있었고, 뜬금없지만 이 발표 수업에서 나의 마음은 또다시 바뀌게 되었다. 발표를 마치고 일관된 피드백을 받은 것이다.

"PPT 디자인이 굉장히 감각적이에요."
"글의 구성이 굉장히 독특하고 신선해요."

쭉 듣다 보니 글을 논리적으로 또는 수려하게 쓴다는 말이 아닌, 기획 아이디어나 디자인이 좋다는 평을 계속 받고 있었다. 여기서 한 번 더 머리에 망치를 맞은 듯했다.

'아, 내가 잘 하는 것, 타고난 적성은 결국 새로운 아이디어를 찾고 시각적인 작업을 하는 것이구나. 타고난 적성이 무엇인지 알면서도 왜 굳이 다른 길로 돌고 돌아서 가려고 하는 거지?'

순간, 내가 원하는 일을 하루라도 빨리 시작해서 기반을 다지는 게 길게 봤을 때 더 현명한 선택이 아닐까 하는 생각이 들기 시작했다. 그렇게 내가 할 수 있는 일에 대해 다시 고민해보게 되었다. 우선 시각디자인을 다루는 전문직이었으면 했다. 나의 타고난 기질을 보면 하루 종일 집에 있는 것을 힘들어했다. 반나절 이상 집에 머물면 괜히 우울해지는 기분이랄까. 집에 있을 때도 다른 일을 하면서 몸이나 머리를 계속 가동시켜야 했다. 그러니 나이와 결혼 유무 상관없이, 계속해서 나를 소모하고 동시에 충전할 수 있는 일을 찾아야 했다. 나와 맞을 일들을 찾다 보니 업종을 떠나서 전문직은 자리를 잡는 시간이 꽤 오래 걸릴 것 같았다. 최소 10년은 지나야 알 수 있는 것이 그쪽 바닥이었다. 회사에서 5년 일해서 충분한 돈을 모은 후 새로운 것을 배우고 나의 업장을 차리고 자리를 잡는 데 최소 10년이라니. 그럴 바엔 조금 힘겨워도 알바를 하면서 빨리 시작하는 게 나은 선택 같았다. 그러다 우연히 텔레비전에서 플로리스트가 하는 일을 보게 되었다.

당시 신기하게도 가끔 생화를 사서 집에 두곤 했고, 엄마의 영향으로 집을 취향대로 꾸미는 것에 흥미가 있었다. 더불어 나는 한 달 전부터 스케줄러에 약속을 채워 넣으며 사람들을 모으고 어울리는 것에 능한, 내향적이면서도 외향적인 사람이었다. 그러니 이벤트를 기획하고, 장식하는 직업을 보자마자 어쩌면 저 일이 여러 가지 면에서 나와 잘 맞겠다 싶었다. 당시에는 파티나 이벤트를 기획하는 일까지 플로리스트들이 맡아서 하는 경우가 많았다(물론 이 업종에 뛰어들고 보니, 규모가 있는 이벤트의 경우, 총괄 기획과 공간 디자인 업무 담당은 분리되어 있었다).

'그래, 플로리스트다! 내 손을 통해 시각적인 작업도 하면서 끊

임없이 새로운 사람들을 만나는 직업!'

그리고 바로 플로리스트 과정을 이수할 수 있는 학원을 알아보고 준비하기 시작했다. 전공을 바꾸겠다고 하자 부모님은 당연히 당황하셨고 반대하셨다. 졸업한 선배들의 모습은 삼성 아니면 LG 취직 또는 대학원 진학이었다. 취업 족보 및 정보도 많아서 웬만하면 다 취업이 되는 분위기였으니 남들이 보기엔 복을 걷어차는 격이었다. 거의 100퍼센트 합격 가능한 대기업을 두고, 이제 막 한국에서 주목받기 시작한 황무지 같은 세상 속을 맨손으로 뛰어들겠다고 하니, 내가 부모님이어도 흔쾌히 찬성은 못했을 거다. 한번은 엄마가 나를 설득하려고 우선 취업 원서를 제출해보고 다시 한번 생각해보는 게 어떻겠냐고 권유하셨고 그때 나는 이렇게 말했다.

"대기업 합격해도 난 안 갈 거야."

이미 내 안에서 생각과 마음을 정리한 후에야 입 밖으로 내뱉는 성격이기에 어떤 이유로도 나를 설득할 수 없었다. 그리고 지인들의 반응 또한 차가웠다. 지금도 그렇지만 또래 친구보다는 언니 오빠들과 어울려 지내는 편이었는데, 당시 서른 전후의 오빠들 모두…! 나의 결정에 대해 좋은 소리를 하는 사람이 없었다(언니들은 걱정하면서도 조심스러워 말을 아끼는 편이었다).

"너 지금 무슨 헛소리를 하는 거니?"
"지금 영어 공부랑 컴퓨터 자격증 하나라도 더 준비해서 취업을 해야지."

"이 세상에 좋아하는 일, 자기가 하고 싶은 일 하는 사람이 몇이나 있겠니."
"좋은 학교 가서 공부한 게 아깝지도 않아?"

이때 사람들에게 상처를 많이 받았고, 이 세상에 나는 정말 '혼자'라고 생각했다. 그리고 중학생 때 공감했던 드라마 대사가 떠올랐다.

"인생은 홀로 가는 돛단배야."

무슨 드라마였는지 기억은 나지 않지만 머리로 먼저 이해했던 저 말을 피부로, 뼛속으로 공감한 때였다.

사람들은 내가 '틀린' 결정을 한다고 말을 했고, 나는 그것이 틀린 게 아닌 '다른' 결정임을 말하였으나 각각의 개인은 결국 자신의 시선과 가치관으로 세상을 보고 믿을 뿐이었다. 더불어 세상에 '김민지'라는 사람은 단 한 명뿐인, 어처구니없을 정도로 당연한 사실을 가슴으로 이해하게 되었다.

'나'는 한 명이고, 고로 내가 느끼는 감정과 생각을 100퍼센트 이해할 수 있는, 나 이외의 사람은 이 세상에 단 한 명도 존재하지 않는다는 사실. 나를 누구보다 아끼는 부모님조차도 나와는 다른 존재라서 어쩔 수 없이 나라는 사람을 완전히 이해할 수 없는 것이, 어느 누구의 잘못도 아닌 그저 명백한 사실이었다. 이를 마음속으로 느끼고 받아들인 직후에는 한없이 고독하고 슬펐던 것 같다. 아무렇지 않게 밥을 먹다가도 이 세상에는 나 혼자라는 생각이 스치면 눈물이 핑 돌기도 했다. 사람 좋아하던 내가 사람이 싫어졌고, 별별 생각이 다 들었다.

'인도에 가서 요가를 할까? 무언가를 깨달을 수 있지 않을까?'

'한 반년 정도 사람을 만나지 않고 집에만 있으면 다시 사람이 좋아질까?'

사람도 세상도 다 부질없고 껍데기만 바삐 움직이는 것 같은 삶에 허무함이 몰려왔다. 어느 누구와도 완전한 교감을 할 수 없다면, 나는 무엇을 위해 살아가며, 어떻게 소통을 해야 하는 걸까? 말 그대로 막막했고 뇌가 정지한 기분이었다. 그러다 곰곰이 생각해보니 이것은 내가 바꿀 수 없는 사실, 인간의 순수한 특징이자 '본질'이었다. 그리고 나 또한 누군가에게는 자신만의 시선에 갇힌 이기적인 인간이 아닌가. 이때부터 사람들에 대한 기대가 사라졌다. 상대방이 나를 이해하지 못한다 해도 덤덤했다.

'응, 괜찮아. 우린 그렇게, 다르게 태어난 거니까.'

이때의 경험으로 '틀림'과 '다름'에 예민해졌고, '다양성에 대한 존중'이 없는 한국 사회가 더 적나라하게 보였다. 두 개념을 잘못 사용하는 상황을 마주할 때마다 처음에는 화가 났지만 나중엔 덤덤하게 정정해주며 넘어가게 되었다. 더불어 '말'보다는 '행동'으로 다른 이를 설득하는 것이 더 강력함을 알았다. 때론 말없이 나의 길을 묵묵히 가는 모습으로 주관을 표현하는 것이 더 나은 선택임을 알았고(열심히 설명해봤자 나의 입만 아프니까) 그러다 보니 사람들이 나의 선택에 긍정하지 않아도 덜 화가 나게 되었다. 동시에

'아 저 사람은 저렇게 반응하며 이런 생각을 하는 사람이었구나.' 하며 다양성을 이루는 한 사람으로 받아들였다.

'다름'은 문제가 되지 않는다. 그 다름에 대해 열린 마음으로 대화할 의지가 있는지가 가장 중요하다.

과도기
- "좋은 대학 나오셔서 왜…."

그렇게 틀림과 다름의 혼용에 대해 덜 예민해지고, 주변 사람들과 다른 길을 걸어가는 것에 대해 나만의 중심을 다져가며 꽃 학원을 알아보기 시작했다. 다른 사람이 보면 어처구니가 없는 것이 당연했다. 대학 4년 동안 미적분학을 열심히 B4 용지에 적어가며 물리학을 공부하던 학생이 꽃을 하겠다고 하니(꽃 수업을 같이 듣던 언니들조차도 내 전공을 들으면 왜 여기 있냐고 말할 정도였다). 졸업을 앞두고 교수님과 면담하던 때가 떠오른다. 졸업 후 취업이 아닌 플로리스트 과정을 이수할 계획이라고 하니 신기해하며 물으셨다.

"4년 동안 물리 공부한 게 아깝지 않아요?"

"물리학이 싫은 건 아니지만 대학에서의 시간을 통해서 '시각적인 작업'에 대한 저의 열망이 얼마나 큰지 깨달았어요. 그러니 잃은 것도 없고, 후회할 것도 없어요."

휴학 2년까지 생각하면 6년의 시간 동안 난 방황하며 고뇌했고, 지금의 결론에 도달한 것이다.

그 후 양재동에 있는 꽃 학원을 등록했고, 학원비와 재료비 그리고 생활비를 벌기 위해 아르바이트를 찾아야 했다. 대학 생활 중에 베이커리나 음식점에서 아르바이트를 했었지만 시급이 높은 개인 과외가 더 필요했다. 과외 중개 사이트를 통해 열심히 학부모들과 면담을 했고, 어느새 과외 여섯 개를 하며 꽃 학원을 다니고 있었다. 물리학과 졸업장과 2년 간의 해외 경험 덕분에 중고등학생 수학, 과학 그리고 기초 영어 과외까지 할 수 있는 감사하고도 감사한 상황이었다. 당시 나의 일주일은 아래 일과의 무한 반복이었다.

- 과외 준비하고 시간 맞춰 학생 수업 가기
- 양재동 꽃 학원에서 수업 듣기
- 일산으로 돌아와 수업 정리하고 복습하기
- 고속터미널 꽃 시장에 가서 연습할 꽃 사오고, 숙제 하기
- 학원으로 숙제한 꽃 작업 검사 맡으러 가기

정신없이 꽃 수업과 과외를 왔다 갔다 하며 시간을 보냈다. 노트에 꽃 화형을 그리면서 작업하고 사진을 찍다가, 수학을 가르치러 학생 집에 가서 앉아 있다 보면 순간 전환이 쉽게 되지 않기도 했다. 그리고 이 혼란스러움은 꽃 학원에서 졸업 전시를 준비하던 때 최고조에 이르렀다.

플로리스트라는 직업이 매력적이었던 이유 중 하나는, 작업이 커지고 깊어질 수록 꽃 이외에 다른 부자재도 같이 사용한다는 점

이었다. 졸업 전시 때는 각 학생들에게 다양한 부자재가 주어졌고, 꽃 소재와 해당 부자재를 사용해 오브제를 만들어 전시를 해야 했다. 당시 나에게는 '금속'이 주어졌고, 맨땅에 헤딩하듯 청계천 일대를 돌아다니며 금속 소재들을 수집했다. 그런 후 오브제의 형태를 정하고, 금속 소재들을 사용해 완성해갔다.

 과외 여섯 개를 유지하면서 작업을 해야 했기에 나중에는 부모님이 밑 작업을 도와주시기도 했다. 새벽 4시까지 작업을 하고, 잠시 자고 일어나서 과외를 가고. 아침형 인간이 온 힘을 다해 버티고 있었다. 그러다 어느 날은 너무 졸려서 학생을 가르치다 나도 모르게 펜을 쥔 채 잠이 든 적도 있었다…. 하하하.

 그래도 감사하고 감사한 환경이었다. 학원비와 나의 생활비를 적은 시간을 써서 충당할 수 있었으니. 그렇게 아이와 학부모님들께 감사하며 1년 반의 수업 과정을 수료했고, 결혼식과 돌잔치 아르바이트를 하다 도곡동에 있는 꽃집에서 일을 하기 시작했다. 꽃집에 취직을 했다고 하던 과외를 다 끊을 수는 없었다(왜냐하면 꽃집은 박봉이니까). 월급만으로는 저축을 여유 있게 할 수 없었다. 그래서 처음엔 과외 두 개를 유지하며 꽃집을 출퇴근했고, 나중에는 한 개만 유지하며 꽃에 할애하는 시간을 점차 늘려갔다. 동시에 나의 중심을 더 단단하게 다져나가며 스스로를 보호해야 했다. '취업 잘 되는 물리학과를 졸업해서 꽃집 직원이 된 나'를 향한 사람들의 시선으로부터.

2012년 3월 19일

"좋은 대학 나오셔서 왜…."

일요일 아침 일찍, 아이를 가르치고 일을 간다고 하니 안쓰러운 마음에 하신 말씀이란 것을 안다. 한데 어머님의 말씀이 묻어두었던 2년 전 수많은 물음들을 다시 불러일으켰다.
'좋은 대학을 나오면 대체 무슨 일을 해야 하는 거지?'
'소위 대기업에 들어가서 하루하루 지겹다 느끼며 통장을 채워가는 게 사람들이 말하는 '현명한 길'인 건가?'

나는 그저 단순한 사람일 뿐, 대단한 용기가 있어서 이런 선택을 한 것이 아니다. 너무 단순해서, 좋아하고 원하는 것, 마음을 이끄는 것. 그거 하나만 보이기에 그걸 잡았을 뿐이다.

과대평가하거나 과소평가할, 어느 것도 아니다.
'김민지'답게 그저 생긴 대로, 나처럼 살 뿐이다.

과도기
- 소비를 위한 소비

그렇게 과외 한 개를 유지하다 결국엔 그만두기로 했다. 마지막 과외 학생은 가장 오랜 기간 맡았던 친구였고, 고등학교를 입학하고 진로가 결정되면서 더 이상 수학 과외는 필요하지 않게 되었다 (지금은 헤어 디자이너가 되었고, 믹스뚜로 수업을 받으러 오기도 했다. 충격적인 세월의 흐름이다). 이후로 나는 꽃집에만 출퇴근하며 온전히 '플로리스트'로서 살아가기 시작했다. 일을 시작하면서 동시에 다짐했다.

'늦어도 서른쯤엔 유럽을 가서 여러 꽃집에서 일하며 나만의 스타일을 찾아보자!'

그러던 어느 날, 일하던 꽃집 사장님에게 '욱'하는 일이 터졌다. 몇 마디를 나눠보니 대화가 이루어질 것 같지 않아서 나는 웃으며 "네, 알겠습니다." 하고 마무리를 했다. 순간 사람 대 사람으로 정이 떨어지자 이런 생각이 들었다.

'내가 당신의 돈을 받으며 살아가느니, 차라리 굶겠소.'

또 독립운동가 김민지 등장하셨다. 진짜 굶어본 적이 없으니 저런 생각을 했겠지. 따지고 보면 내가 맘이 상한 이유는 회사 생활 내에서 너무나 비일비재한 것이었고, 더 심한 경우도 많았다. 그저 사회생활을 해본 적 없는 해맑고 고집 센 나였기에, 성격과 운명대로 흘러간 것이다. 그리고 성격 급한 나는 다짐했다.

'에라, 그냥 좀 일찍 유럽으로 가자.'

당시 스물일곱 살이었다. 어느 나라로 갈지 결정하지도 않은 채 일을 그만두었다. 같이 일하는 직원들을 위해(일손이 부족하니) 5월 성수기를 보내고 꽃집을 나왔다. 그렇게 생각보다 일찍 해외를 나갈 계획을 세워야 했다.

우선 해외 체류에서 가장 중요한 건 비자 문제였다. 어학원을 다니며 학생 비자로 있을 생각은 없었고, 유럽 내 워킹홀리데이 비자가 있는 나라 목록을 살펴보았다. 당시에는 독일, 프랑스, 아일랜드가 있었고, 워킹홀리데이와 다른 이름이지만 같은 성격인 영국의 '청년교류제도'도 있었다. 당연히 영어권 나라로 가고 싶어서 영국에 먼저 지원했지만 영어권 나라인 만큼 지원자가 많아 결국 탈락했다. 다음으로 독일과 프랑스 중에 고민했다. 당시 내게 독일의 이미지는 규범을 지키며 예외는 없는 반듯하고 모범적인 나라였다. 이런 나라에서 일자리를 구하는 건 어려워 보였고, 세금도 일반 국민과 같이 내야 한다는 말에 고개를 절레절레 흔들며, 비자 발급이 수월한 프랑스로 눈을 돌렸다.

인생은 알 수 없다는 것을 뼈저리게 느꼈다. 미국에서 봉사활동을 할 당시, 단순노동을 하다 지칠 때면 각국 언어로 숫자를 어떻게 세는지 묻곤 했는데 그때 유일하게 포기했던 언어가 프랑스어였다. 아마 이번 생에는 프랑스어를 배울 일은 없을 거라고 생각했는데 그 나라에 가서 구직을 해야 하다니. 이런 것이 운명의 장난 아니겠는가. 그렇게 프랑스로 갈 준비를 하다 보니, 다음 해 5월쯤 갈 수 있는 계획이 나왔고, 그때까지 모아놓은 돈으로 한국에서 생활하게 되었다.

이 시기에 '돈'과 '소비'에 대해 깊이 생각해보게 되었다. 한정된 돈으로 생활을 해야 하다 보니 편의점에서 과자를 사먹으려 하다가도 스스로에게 물으며 비난의 회초리를 마구 휘둘렀다.

'꼭 이걸 먹어야겠니?'
'지금 돈을 주고 지방을 사서 내 몸에 축적하겠다는 거야?'

그렇게 작은 것 하나를 살 때도 멈춰서 생각하게 되었고, 지금까지 별생각 없이 소비를 하던 나를 통해 깨달은 것이 있다.
'내가 필요하다고 생각하는 것들 대부분은 꼭 필요한 것은 아니구나. '소비'는 결국 '행위에 대한 지불'이구나.'

물론 생존과 사회생활을 위해 구매해야 하는 최소한의 것들이 있다. 그런데 현대인들은 그것을 훨씬 넘어서는 구매와 소비를 하고 있다. 물건을 위해 소비를 한다기보다는 소비라는 '행위'에 대한 '지불'과 '쾌락'이 더 커 보였다. 고로 소비를 하면 할 수록 더 소비가 하고 싶어지고, 결국 만족이라는 도착 지점은 존재하지 않는다. 인간의 욕망은 끝이 없으니. 끝이 없는 무의미한 행동을 하고 싶지 않았다. 밖에 나가기 위해 입을 옷이 있으니 그걸로 충분하다는 생각이 들었고, 새 옷을 사는 횟수가 현저히 줄기 시작했다 (더불어 엄마가 옷을 좋아하셔서 내가 옷을 사지 않아도 집에 옷이 넘쳐났다. 하하하).

그렇게 불필요한 소비를 줄이고, 직접 내가 할 수 있는 것들을 찾아보기 시작했다. 첫 번째로 지갑과 가방을 만드는 것이었다. 나 또한 인기 있는 브랜드의 지갑들을 선망하고 돈을 모아 구매하던 사람이었다. 하지만 그런 지갑들은 필요 이상의 가죽과 장식이 있어 무겁고 부피가 컸으며 사실상 실용성이 떨어졌다. 그래서 완성도와 세련미가 떨어지더라도 직접 쓰기 편한 지갑과 가방을 만들자 생각했다. 이때부터 더 이상 입지 않는 옷이나 자투리 원단을 재활용하기 시작했다. 재봉틀이 없어서 손바느질을 최소화하기 위해 옷에 달린 단추나 지퍼를 그대로 활용해 지갑을 만들었고, 그렇게 리폼은 일상이 되었다. 긴팔 티셔츠를 반팔로 잘라 여름에 입기도 했고, 원피스는 작업 앞치마로 변신했으며, 옷에서 나온 자투리 원단은 콜라주 작업에 사용했다. 지금까지 10년 넘게 이런 생활을 하다 보니 물건에 대한 애착을 알게 되었고, 물건을 버리기 전에 그 물건의 다른 모습을 상상하는 습관이 생겼다.

두 번째는 직접 머리 자르기. 고등학교 3학년 때는 학교 야간 자율 학습과 학원 수업 때문에 미용실에 갈 시간을 내기도 쉽지 않았다. 어차피 매일 묶고 다니는 머리니 망쳐도 된다는 생각으로 직접 잘랐고, 고등학교를 졸업하면서부터는 다시 미용실을 다니고 있었다. 그러다 소비를 줄여야겠다는 생각이 들면서 머리를 다시 직접 자르게 된 것이다. 지금까지도 직접 자르고 있는데 이게 가능한 것은 내 머리카락이 반곱슬이기 때문이다. 삐뚤게 잘려도

티가 안 나고 더 자연스럽고 멋스럽게 보이는 위대하신 '반곱슬'.
 그러던 중 머리에 관해 잊지 못할 일이 터졌다. 당시 가깝게 지내던 언니와 학교 남자 후배가 있었다. 어느 날 뜬금없이 후배가 자기 머리를 잘라달라고 부탁을 했다. 내가 직접 머리를 자르고, 꽃 작업도 하니 가위를 잘 다룰 거라 생각했단다(참으로 똑똑하고 멀쩡하게 생긴 친구인데 왜 이런 생각을 했는지 아직도 미스터리다).
 "나는 상관없는데 너 정말 괜찮겠어? 여자 머리랑 남자 머리는 다른데?"
 "응, 괜찮아!"

 나는 머리를 자를 때 쓰던 문구용 가위(심지어 미용 가위도 아니었다)와 몸을 덮을 비닐을 챙겨 갔고, 홍대 어느 중간에 있는 정자에 앉아 후배의 머리를 과감히 자르기 시작했다. 옆에서 보던 언니는 내가 쥐를 파먹고 있자 점점 더 불안해하며 웃음이 터졌고, 후배도 점점 동공 지진이 일어났다. 그때 옆에서 이어폰을 낀 채 우리를 한동안 지켜보던 아주머니가 다가오셨다.
 "저기요, 내가 잘라줄까요? 아니, 멀쩡하게 생긴 친구 머리를 너무 망치고 있어서…. 내가 마침 남편 머리 잘라주려고 가위를 가지고 있거든요."

 그렇다. 엄청난 경력의 미용사님이 퇴근길에 희한한 광경을 보곤 발걸음을 못 떼셨고, 한 인간을 구하기 위해 말을 꺼내신 거다. 그렇게 전문가용 가위를 꺼내 망해가던 후배의 머리를 살리시곤 돈도 안 받으시고 무림의 고수처럼 떠나셨다. 후배는 돈을 번 것 같다며 기분 좋게 그날 저녁을 샀다. 시간이 흘러 지금은 1년 넘게 아빠의 머리도 잘라드리고 있다. 전보다는 나아진 실력으로.

CHAPTER 3

프랑스
– 카우치서핑의 세계

영국 비자 합격 여부를 기다리다가 프랑스 비자를 신청한 상황이라 여유 시간이 없었다. 3월 중에 비자를 받았고, 4월 말 출국인 정신 나간 스케줄이었다. 비자 발급을 받고 나서야 프랑스어 문법 평일 반을 등록했고, 결국 수업을 2주만 나가고 나머지 2주 동안은 부리나케 꽃 포트폴리오를 제작하며 정신없이 보내다 출국했다. 호주 워킹홀리데이는 어떤 아르바이트 자리든 상관이 없었지만 이번에는 아니었다. 전문적인 꽃 관련 일을 구해야 하는 상황이었고, 프랑스어를 못하는 상황이니 포트폴리오라도 잘 만들어서 꽃집을 유혹해야 했다. 내가 동양인이라는 것을 활용하고 싶어서 동양과 서양의 분위기를 섞어 종이를 선별하고 직접 책을 디자인하듯 만들었다. 작업한 꽃 사진들을 붙여 완성했고, 이제는 프랑스에 도착해 머물 곳을 찾아야 했다.

보통은 호스텔이나 한인 민박에 머무는 것이 일반적이었으나 당시 나는 궁금했던 카우치서핑(Couch surfing)을 경험해보고 싶었다. 더불어 현지인을 알게 되면 집을 구하는 방법이나 파리에서의 생활에 대한 조언도 얻을 수 있으니 일석이조 아니겠는가.

카우칭 서핑은 문화 교류와 숙박의 물물교환이 이루어지는 비영리 커뮤니티다. 여행객은 무료로 잘 곳을 제공받고 현지인은 여행객과의 대화 등을 통해 문화를 공유하는 것이다. 서로 간의 신뢰가 중요하기에 가입하는 사람들 모두 프로필을 상세하게 채우는 것이 좋다. 사진과 자신의 인적 사항과 취향 등을 적을 수 있다. 보통은 2~3일 숙박인데 운이 좋게 원하는 날짜에 일주일간 머물 수 있는 친구와 연결이 되었고, 파리 외곽 지역에 살면서 라코스테 사무직으로 일하고 있는 흑인 남자였다. 당연히 이 친구의 프로필 사항들과 얼굴 관상을 보며(나는 관상을 보는 사람은 아니나 얼굴을 통해 어떤 사람인지 느껴지는 '촉'이 좋은 편이다) 괜찮겠다 싶어 과감히 결정했다. 물론 이 이야기를 듣고 친구들 모두 걱정 가득이었다. 그리고 나는 정말 운이 좋았던 경우였다. 때론 숙박 제공을 통해 다른 대가 또는 마약을 권하는 경우도 있다고 하니 조심 또 조심할 필요는 있다.

그렇게 프랑스 파리에 도착하자마자 45리터 배낭을 메고 이 친구의 집으로 향했다. 집에 도착하니 흑인 커플이 있었고, 얼떨결에 인사를 나누며 내가 머물 방을 안내 받았다. 거실 소파에서 자는 경우도 많은데 난 운이 좋게도 침대가 따로 있었다. 혼자 사는데 왜 침대가 두 개일까 의문이었는데 이 의문은 금방 풀렸다. 그는 이혼한 남자였고, 여섯 살 아들이 있었다. 아이는 엄마와 살고 있고, 아들이 놀러 오면 자는 침대였던 것이다. 당시 그 친구는 20대에 이혼을 한 30대 초반 남자였고, 나는 스물여덟 살. 친구들은 결혼을 한창 하던 때였으니, '이혼'이라는 단어는 내게 너무나 멀고도 먼, 충격적인 단어였다.

하지만 이 사실이 문제가 되지는 않았다. 도리어 일주일간 머물면서 너무나 많은 도움을 받았다. 숙박 제공만 해도 고마운데 그는 집을 구하는 사이트, 프랑스어로 쓴 자기소개서 첨삭, 카메룬 전통 음식, 파리에 숨겨진 매력적인 장소 등 많은 것을 알려주었고, 집을 구해서 나온 뒤에도 친구들과 함께 만나 떡볶이와 흑맥주를 마시며 꿈같은 시간을 보냈었다.

파리에서의 시작을 안정적으로 할 수 있게 해준 카우치서핑. 그리고 이 커뮤니티를 통해 나의 세계관을 확장시켜주는 친구들을 계속해서 만날 수 있었다. 숙박 말고도 카페나 갤러리에서 시간을 같이 보낼 친구를 찾는 경우도 있었는데 한번은 엄마와 연배가 비슷한 분과 카페에서 만나 이야기를 나눈 적이 있었다. 파리에는 무슨 일로 왔는지 이야기를 나누는데 이분의 직업이 충격적이었다. 프랑스 사람들에게 여름휴가는 인생에서 큰 부분을 차지한다. 한두 달 정도 긴 여름휴가를 보내기 때문에 집을 비우는 동안 키우는 반려동물을 봐줄 사람이 필요하고, 이분이 하는 일이 바로 그것이었다. 빈집에 머물면서 동물을 봐주고 청소를 해주는 것 말이다. 반려동물을 키우지 않는 나에겐 너무나 낯설고 충격적인 신세계였다. 당시 이분은 어떤 화가의 고양이를 봐주고 있었고, 그 집에서의 마지막 날에 나를 초대해주었는데 노란색으로 칠해진 벽에 주황색 주방용품들로 채워진 부엌을 잊을 수 없다. 그리고 다음은 인도로 몇 마리의 가축을 돌보러 간다고 했다.

세 번째 친구는 같이 한인 마트에서 장을 보고 한식 요리를 도와줄, 그리고 원한다면 모임에서 함께 식사를 하며 시간을 보낼 사람을 찾고 있었다. 벨기에 친구였고 신기하게도 한 명의 한국인이 포함된 다국적 친구들이 모이는 자리였다. 그렇게 이 친구를 만나 장을 보고, 모임 장소인 출장을 간 친구의 집을 갔는데, 살면서 가장 정신없는 집을 보았다. 경제적으로 여유는 있으나 많은 물건들이 널브러져 있는, 발 디딜 틈이 없는 집이었다. 심지어 동전이 이곳저곳에 쌓여 있었고, 벨기에 친구는 이 집 동전만 가져가도 꽤 될 거라며 농담을 할 정도였다. 그렇게 낯선 이의 집에서 처음 보는 친구들과 한국 음식을 먹으며 몽환적인 시간을 보냈었다.

이 벨기에 친구가 유독 기억에 남는 이유는 한국 문화에 관심이 많은 사람이었기 때문이다. 단순히 한국 현대소설을 찾아 읽는 것이 아니라 『홍길동전』과 『춘향전』을 찾아 읽는 수준이었고, 한국 역사와 문화에 이미 아는 바가 많았다. 한번은 내가 한국에 대한 불만을 털어놓으니 한국의 역사 속 사건과 흐름을 설명해주며 이런 배경 때문에 그런 성향이 만들어지고 문화가 생겼을 거라고 나를 이해시키고 있었다(그 친구는 한국의 지역주의도 이미 알고 있었다).

'이게 무슨 상황이지? 지금 벨기에 사람이 한국 사람을 앉혀두고 한국을 이해시키고 있는 거야?'

순간 나 자신이 부끄러워졌고, 한국을 이방인의 관점에서 다시 보게 되었다. 감정적으로만 바라보다 한 걸음 물러서서 있는 그대로 받아들이려는 마음이었달까. 꽃을 더 배우고 일하기 위해 왔는데 무궁무진한 삶의 모습과 시선들을 끊임없이 발견하고 있었다.

계속 꿈을 꾸는 듯
몽환적인 시간을 만들어주는 도시,

파리였다.

프랑스
– 왜 프랑스인가, 왜 선진국인가

카우치서핑에서 만난 카메룬 친구 덕분에 파리에서의 시작은 평탄하고 흥미로웠으나 일주일의 끝은 다가오고 있었다. 너무 오래 신세를 지고 있었기에 어떻게든 집을 구해야 한다는 압박감이 슬슬 오고 있었고, 부리나케 친구가 알려준 사이트를 뒤져가며 집을 찾아보기 시작했다. 프랑스어를 못했지만 영어를 사용해도 문제가 되지 않았다. 이곳은 오만 국적의 사람들이 가지각색의 이유로 오는 도시, 파리가 아니던가. 몇 군데 집에 연락을 해본 뒤 두 집을 보러 가기로 결정했다. 첫 번째 집은 혼자 방을 쓸 수 있었지만 뭔가 분위기가 어둡고 우울한 느낌이 있어서 패스. 그렇게 보게 된 두 번째 집에서 파리를 떠날 때까지 머물게 되었다. 이 또한 운이 좋았다고 생각한다.

내가 머문 곳은 포토그래퍼인 프랑스 남자가 사는, 파리 15구에 위치한 집이었다. 시원한 창이 있어 햇살이 가득한 큰방과 영화에서 보던 기다란 주방 그리고 화장실이 있는 집이었다. 큰방엔 2층 침대 하나(세입자가 두 명이었다) 그리고 집주인이 자는 소파 침대가 하나 있었다. 내가 들어갔을 당시에는 문학을 전공하며 대학을 다니던 독일 여자애가 있었고, 집주인은 밖에서 일을 하며 보내는 시간이 많았다(여자친구가 생기면 거의 집에 들어오지 않았다). 그래서 꽤 많은 시간을 홀로 집을 누리며 살았다.

안정적인 거처를 마련하고 짐을 풀며 생활에 필요한 것들을 마련하기 시작했다. 일을 하게 되면 월급을 받을 은행 계좌가 필요했고, 만드는 방법을 찾아보는데 조금 황당했다. 당시 외국인이 계좌를 만들 경우 보증인이 필요했다. 집주인이 보증을 서줄 수 있었고, 나 역시 집주인 친구에게 부탁을 했다.

"나 은행 계좌를 만들려면 보증서가 필요한데 도와줄 수 있어?"
"응, 그럼!"

이렇게 대답하고는 서랍에서 새 종이를 꺼내 펜으로 무언가를 쓰기 시작했다. 이 사람은 나의 집에 살고 있으며 신원을 보증한다는 내용이었다.

"이걸로 보증이 되는 거야?"
"응!"

은행에서 주는 정해진 형식의 문서를 기입하는 것이 아닌 백지에 자필로, 편지 쓰듯이 보증서를 작성했다. 심지어 계좌 개설을 위해 은행에 가서 따로 약속을 잡은 후, 필요한 문서와 여권을 챙겨 집주인 친구와 같이 다시 가서 만들 수 있었다.

한국에선 인터넷으로 순식간에 처리할 일을 프랑스에서는 문서를 작성하고 며칠을 기다리고 또 기다려야 승인이 떨어지는 경우가 많았다. 심지어 핸드폰을 해지할 때도 빈 A4 용지에 사유를 편

지처럼 적어서 우편으로 보낸 후, 시간이 좀 흐르고 해지 확인 연락을 이메일로 받았다(지금은 이렇지 않을 거라 생각한다). 왜 파리 사무실에 문서함들이 한 벽면을 다 채우고 있는지 그 이유를 알게 되었다.

상대적으로 한국은 모든 것들이 빠르고 최신식이었으니 프랑스의 뒤처진 듯한 일 처리 방식이 너무나 답답하고 이해가 되질 않았다.

'아니, 대체 이 나라가 왜 선진국인 거지?'

일상 속 많은 것들이 눈 깜짝할 사이에 최신식으로 바뀌는 한국에서 살던 나에게는 '최신식이 앞선 것이니 좋은 것'이라는 인식이 강하게 자리 잡고 있었다. 선진국이라면 당연히 최신의 기술과 시스템이 일상에 들어와 있을 거라 생각한 것이다. 그래서 파리에 머무는 동안 답답하고 짜증이 나는 경우가 많았고, 무의식중에 이런 으스대는 생각이 있었을지도 모르겠다.

'한국에 가면 프랑스 사람들 다 놀라겠지? 이런 제품 한국에선 안 쓴 지 오래고, 가입은 1분이면 되는데!'

한국에 돌아오고 나서야 프랑스의 '뒤처진 시스템'이 어쩌면 '배려'일 수도 있겠다는 생각이 들었다.

한국에서 처음으로 키오스크를 사용할 때의 당혹스러움. 지금이야 적응되었지만 낯선 기계와 주문 방식에 나의 눈은 우왕좌왕 메뉴를 찾고 결제를 하느라 정신이 없었다. 음식점에도 테이블마다 테이블마다 설치된 태블릿 PC로 주문을 한다. 가끔 그걸 모르고 멀뚱히 앉아계시는 노부부를 발견할 때마다 대한민국은 여전히 배려 없이 모든 것이 빠르기만 하다는 생각이 든다. 기차표 발권을 위한 창구는 사라지고, 은행 지점도 줄어들고, 택시도 휴대전화 앱으로 불러버리니 고령층, 저소득층, 장애인 같은 디지털 소외 계층을 위해 최신 시스템을 일상에 도입하는 속도를 늦추거나 비율을 조절하는 것이 필요할지도 모르겠다.

당시 프랑스의 시스템이 한국보다 느린 이유는 여러 가지가 있었을 테고, 이를 정확히는 알지 못한다. 그저 그 느린 속도가 소외된 계층을 배려하며 다 같이 걸어가는 방법일 수도 있겠다는 생각. 선진국이라는 것이 단순히 기술이 앞선 나라를 의미하지는 않음을, 때론 앞서는 것보다 더 중요한 것이 있을 수도 있겠다는 생각을 해본다.

프랑스
- 스타벅스 인연

    대학교 1학년 때부터 스타벅스를 다니기 시작했다. 커피를 좋아했고, 투명한 벽이 있는 듯한 독립된 시공간을 누릴 수 있다는 점에서 지금까지 다니고 있다. 사람을 만나 어울리는 시간만큼 독립된 혼자만의 시간을 너무나 좋아하고, 둘 사이의 균형감이 내 일상에 너무나 중요했다. 평일 동안 사람들 사이에서 시간을 보내고, 일요일 아침 일찍 홀로 스타벅스를 들어가면 유난히 사람이 없는 그 적막이 너무나 달콤하고 푸근했다. 카페의 직원도 어느 손님도 나에게는 관심이 없다는 점이 좋았다. 스타벅스의 커피가 아주 맛있다고는 말할 수 없지만 그 이외의 부분에서 충족되는 것이 컸다.
    스타벅스는 시험공부를 하기에도, 친구를 만나기에도, 멍때리며 한숨을 돌리기에도 좋았다. 또한 아침 일찍 여는 유일한 곳이었기 때문에 어느 시간과 상황이든 갈 수 있는 곳이었다. 마음의 안식처 수준이었달까. 그러니 해외를 나갈 때면 꼭 스타벅스를 찾아다녔다. 분명 다른 나라 사람들과 전혀 다른 언어, 중간중간 보이는 낯선 메뉴들이 있었지만 스타벅스라는 정체성은 명확했고,

그것이 주는 친숙함과 편안함이 내게 '고향'에 온 기분을 느끼게 해줬다.

파리에 있는 스타벅스가 더 재미났던 점은 기존 건물의 특성과 분위기를 살려서 스타벅스를 녹여냈다는 점이었다. 지점마다 다른 분위기였다. 한국은 대부분 비슷한 상가 건물에 일관된 인테리어여서 어느 지점이든 크게 차이가 없지만 파리는 그렇지 않았다.

그래서 여유로운 날에는 구글 지도에서 스타벅스를 검색해 한 번도 가보지 않는 동네의 지점을 가보곤 했다. 가는 곳마다 달랐고, 새로우면서도 편안했다. 이런 심리는 나만 느끼는 것이 아닐 것이다. 전 세계 어느 스타벅스를 가봐도 항상 사람이 많은 것을 보면 말이다(전 세계 스타벅스와 맥도날드 앞에 항상 사람이 많은 것을 볼 때면 소름이 끼치기도 한다. 인종과 취향을 떠나 엄청난 수의 사람들을 매료시켰으니 말이다).

파리의 스타벅스는 내게 한 가지 선물을 더 주었다. 바로 '사람'을 만나게 해주었다는 점. 이력서를 낼 꽃집 목록을 정리하기 위해 번화한 동네에서 꽃집을 찾아다니고 있을 때였다. 중간에 점심을 해결할 겸 스타벅스에서 한숨을 돌리고 있었다. 그러던 중 옆에 앉아 있던 중국 여자가 말을 걸었다.

"실례지만, 제가 화장실 갔다 오는 동안 가방 좀 봐주시겠어요?"
"아, 네!"

그렇게 중국인 친구와 이야기를 나누기 시작했다. 그녀는 대뜸 생일이 언제냐고 물었고, 서로 생일이 하루 차이 난다는 사실에 놀라며 더 가까워지게 되었다. 둘 다 프랑스어를 잘 못해서 영어로 대화를 했고, 정말 성향이 비슷한 구석이 많아서 함께 있으면 마냥 마음이 편안했다. 그전에는 중국인에 대해 막연하게 안 좋은 시선을 가지고 있었고, 내 생에 중국인 친구는 없을 거라 생각했는데 역시 사람 대 사람으로 볼 때는 다른 것이다. 파리에서 머무는 동안 심적으로 의지를 많이 했던, 내가 아플 때면 중국에서 만들어 먹었다던 건강에 좋은 수프를 챙겨 오던 친구였다. 나중에는 얼마나 편했으면 영어로 대화하는 중에 서로 자기도 모르게 모국어로 말하고 있을 정도였다. 그리고 각자의 나라로 돌아간 후에도 한동안 연락을 주고받았다. 그녀는 중국인임을 말해주듯 새빨간 드레스를 입고 결혼을 했으며 아이까지 낳고 잘 살고 있다.

그리고 두 번째 인연이 있다. 나는 해외를 나가면 한 번쯤은 일주일 동안 앓아눕는다. 아무리 아파도 입맛이 사라지는 법이 없는 나인데 고열이 며칠 동안 지속되며 탈이 나는, 커피를 너무나 사랑하는 내가 커피를 마실 수 없는 희귀한 시즌이 온다. 파리에서도 그 시즌을 겪고 나서 다시 태어난 기분으로 커피를 마시러 동네에 있는 스타벅스를 갔다. 들고 나온 프랑스어 문법책을 펼쳐두고 커피를 마시는데 옆에 앉아 있던 강렬한 여자가 내게 말을 걸었다.

"어, 저도 그 책으로 공부하고 있어요. 혹시 한국 사람이세요?"

짙은 눈썹의 긴 생머리, 아주 마르고 키가 큰, 올 블랙 의상의 카리스마 넘치는 동양 여자였다. 대화하기 전까지 한국 사람일 거라고는 생각지 못했다. 그렇게 대화가 이어졌고, 그녀는 파리에서 가방 디자인을 공부하고 있다고 했다. 파리에 머무는 동안 같은 한국인으로서 의지하기도, (박봉의) 패션과 디자인 세계에 대해서도 슬쩍 들으며 만만하지 않은 파리 생활을 함께했다. 둘 다 한국으로 돌아와서도 연락을 주고받았고, 나는 '믹스뚜'라는 브랜드를, 친구는 '판타지아 가브리엘(Fantasia Gabrielle)'이라는 가방 브랜드를 런칭했으며 가끔 만나 각자의 브랜드 운영에 대해 이야기를 나누기도 했다. 그리고 현재 그녀는 다시 파리로 떠나 파리 11구에서 비건 케이터링 사업 '강남 팔라펠(Gangnam Falafel Paris)'을 시작하는 다채롭고 용감한 행보를 여전히 보여주고 있다.

각자의 이유로 파리를 갔고, 파리의 한 스타벅스에서 우연히 만난 인연들. 그곳에서 머무는 동안에도 큰 힘이었고, 그 이후 각자의 삶의 모습을 공유하는 것 또한 힘이 된다. 자신만의 색깔로 다른 삶을 꾸려나가는 이 다양성이 나는 너무 좋다.

프랑스
– 쓰레기가 아닌 쓰레기

　파리에 살면서 알게 된 재미난 사실은 멀쩡한 쓰레기가 길에 참 많다는 점이었다. 자기가 사용하지 않는 물건들을 길에 내놓을 때 필요한 누군가가 가져가 쓸 수 있게 깨끗하게 가지런히 버리는 경우가 많았다. 아무래도 일정 기간 머물다 가는 외국인들이 많아서인지 아깝게 물건을 사고 버리지 않게 서로 돕는 문화가 생긴 것도 같다. 심지어 파리에 사는 현지 사람들도 이걸 즐기며 동참하는 듯했다.

　파리에 머무는 동안 교통수단은 지하철과 자전거 구독 서비스인 '벨로브(Velo'v)' 그리고 내 두 다리였다. 나는 지하철보다는 자전거를 타거나 걷는 걸 좋아했고, 그러다 보니 길에 버려진 '고운 쓰레기'를 마주하는 재미에 푹 빠져 있었다. 한번은 동네 마트에 들렸다가 집에 들어가는 길이었는데 이민 가방을 포함한 몇 개의 짐들이 덩그러니 놓여 있었고, 이미 많은 사람들이 모여 있었다. 가까이 가서 보니 너무나 깨끗하게 세탁된 옷들이 가지런히 차곡차곡 가방에 채워져 있었고, 서로 맘에 드는 옷을 골라 가져가고 있었다.

당연히 나도 눈이 반짝! 한국에서는 감히 입지도 못하는 스타일의 옷들을 들고 왔고, 그날 저녁 집에서 패션쇼가 열렸다. 항상 해외에 있을 때는 돈이 넉넉한 경우가 아닌지라 옷이나 가방이 필요할 경우 대부분 빈티지 숍에서 구매를 했었고, 선물로 빈티지 숍에서 옷을 받아온 기분이었으니 얼마나 신이 났겠는가. 더불어 식기류나 책 그리고 소품을 주워 오기도 했는데, 이때 가져온 꽃무늬 접시는 지금 믹스뚜에서도 잘 사용하고 있으며 책을 포함한 잡동사니들은 촬영 소품으로 야무지게 활용하고 있다(너무나 이쁘고 멀쩡한 물건들이 길에 많다 보니 한국 빈티지 가게에서 파는 물건들 중 길거리 출신이 제법 있을 수도 있겠다는 생각이 들 정도였다). 이렇게 버려진 쓰레기에 감사해하며 살림을 늘려갔고, 옷을 재활용해 가방과 지갑을 만들던 것 이상의 창작 활동까지 이어졌다.

항상 새로운 자극을 원하던 나였기에 가끔 일부러 모르는 동네에 가보곤 했다. 어느 날은 한국의 동대문 같은 동네를 가게 되었고, 밖에 놓여 제대로 묶이지도 않은 자투리 원단 봉투를 발견하게 되었다. 원단 하나하나만 보자면 전혀 나의 스타일이 아니었지만, 그것들을 모아 뭔가 재미난 작업을 할 수 있을 것 같아서 몇 가지 자투리 원단을 가방에 넣어 왔다. 집에 도착해서 원단을 정리한 후 별 생각 없이 길게 잘라 머리를 땋듯이 서로 섞기 시작했고, 이런 과정에서 '새로움'을 발견했다. 신기하게도 세 가지 원단을 섞으니 나의 취향이 되었고, 그렇게 섞은 원단을 팔찌로 만들어 착용하고 다니기 시작했다. 이 얼마나 놀라운 공식과 현상인가.

'버려진 것들의 새로운 쓰임'이라니. 세상에 쓸모없는 것은 없음을 알았고, '다른 쓰임'을 찾아 '새로운 삶'을 살게 하는 이 창조 행

위가 내게 큰 희열을 주었다. 처음엔 단순히 액세서리를 만들었다. 길을 걷다가 발견한 볼트와 너트 그리고 더 이상 통용되지 않는 옛 동전을 주워서는 한국 동전, 옷핀까지 섞어 목걸이와 팔찌, 브로치 그리고 파우치를 만들어 사용했다. 나중엔 캔버스를 사와서 다채로운 소재들을 섞어 작업하는 '콜라주'까지 시작했고, 그곳에서 만든 콜라주는 프랑스를 떠나기 전 고마운 사람들에게 선물로 주고 오기도 했다.

처음엔 소비를 줄이기 위해 일상 소품을 직접 만들었지만 파리에서 마주한 풍성한 쓰레기 덕분에 나만의 시선과 표현 방식을 찾게 되었다. 지금 내가 주로 하고 있는 '콜라주'와 '모빌' 작업의 바탕이 되는, 내 인생에 있어 너무나 중요한 사건이었다. 현재 믹스뚜의 건조화 작업 중 대표적인 두 가지 '콜라주'와 '모빌'. 두 작업 모두 꽃을 다듬으며 '버려지는 것들'에 집중하면서 시작되었다. 꽃과 나무 소재들을 다듬다 보면 생각보다 버려지는 부분이 많다. 더불어 자연 소재들이 완전히 노화하여 바짝 말랐을 때, 더 내구성이 좋아지거나 또 다른 매력을 뽐내는 소재들이 있다. 이들을 아무 생각 없이 버리기엔 너무나 아깝고 아름다웠다.

'꽃잎도 이쁘지만 암술과 수술도 너무 독특하고 매력 있잖아?'
'이 꽃은 유난히 잎사귀가 이쁘다!'
'이 나무는 표면 질감이 참 특이하네!'
'왜 사람들은 마른 꽃을 슬프게만 바라보는 걸까? 이 상태로도 충분히 아름다운데?'

프랑스에서의 경험은 '다르게' 보려는 습성을 분수처럼 터져 나오게 만드는 촉매제였다. 이후로 다람쥐마냥 여기저기서 찾아낸 버려지기 직전의 아름다움을 수집하고 보관하며, 불현듯 떠오르는 패턴들을 시각화하기 위해 사용하기 시작했다. 그리고 지금까지도 믹스뚜의 공간과 일상에서 계속 이어지고 있다. 더불어 이렇게 시작된 콜라주와 모빌을 보신 손님들과 지인들은 사용하지 않는 소품 및 재료나 여행 중에 수집한 자연 소재를 내게 가져와 창작의 재료와 영감으로 고마운 선물을 전하기도 한다.

프랑스
- 퐁피두센터 광장에 돗자리를 깔고

꽃집에 대한 정보 없이 참으로 대범하게 간 프랑스였기에 가서 삽질을 많이 했다. 5월에 프랑스에 도착했는데 집을 구하고 정신을 차려보니 6월 중순이었다. 구글 지도를 통해 이력서를 낼 꽃집들을 알아보다가 프랑스의 대대적인 여름휴가가 코앞에 있다는 것을 알았다. 프랑스 사람들은 휴가를 굉장히 중요하게 여긴다. 일에서 벗어나 가족과 함께 시간을 보내는 것을 삶에서 큰 가치로 여기기 때문이다. 보통 7~8월 중에 최소 한 달간 휴가를 떠나고, 그 한 달 동안은 문을 닫는 상점들도 많다.

결국 반강제적으로 자유시간이 주어졌다. 당황 그리고 절망. 하지만 내가 누구인가! 또 무한 긍정주의 합리화의 달인 김민지 아니겠는가?

'에라, 본격적으로 구직 활동을 하기 전에 부족한 프랑스어 공부를 하면서 여기저기 구경 다니면 되겠다!'

그러다 문득 버킷 리스트 중 하나인 '길거리 공연 해보기!'가 떠올랐고, 나는 지금 액세서리와 콜라주를 만들고 있으니 공연은 아니지만 이걸 들고 길거리 판매를 해보기로 했다. 마침 새로 들어온 룸메이트가 의상을 전공했던 한국인이었고, (정말 한국 사람이 없는 동네였는데 이런 게 인연인가 보다) 친구도 함께할 의향이 있다고 해서 같이 길거리 판매를 도전해보기로 했다.

무엇을 팔 것이냐? 나는 앞서 말한 콜라주와 액세서리, 친구는 직접 그림을 그린 봉투와 잡지를 돌돌 말아 엮어 만든 가방을 들고 나가기로 했다. 더불어 페이스북에 게시해둔 나의 작업 사진들을 사람들이 볼 수 있게 명함을 준비해야 했다. 명함을 만들 때도 자투리 천과 종이를 재활용했다. 종이 위에 이름과 페이스북 주소를 적고, 각기 다른 형태로 잘라 천 위에 붙인 후, 땋은 천으로 고리를 만들어 달아줬다. 그렇게 친구와 함께 설레는 마음으로 열흘간 판매할 상품을 만들었다.

'내가 정말 길거리에 앉아서 물건 판매하는 건가? 살다 살다 내가 별짓을 다 하는구나.'

이게 꿈인지 생시인지 헷갈리며 드디어 첫 번째 길거리 판매 도전! 처음 가보는 퐁피두센터 앞 광장에 자리를 잡았다. 그곳엔 우리 말고도 이미 길거리 판매 선배님들, 열 팀 정도가 서로 거리를 두고 자리를 잡고 있었다. 친구와 나는 커피를 마시며 소풍 온 듯 해맑게 앉아 책을 읽으며 손님을 기다리기 시작했다. 그런데 사람들의 반응은 나의 예측을 완전히 빗나갔다.

가격을 묻는 사람 한 명, 조용히 구경만 하고 가는 사람 세 명이 전부였다. 한국도 아니고 프랑스 파리라면, 예술에 관심이 많은 사람들이 오는 퐁피두센터 앞이라면! 관심 가지는 사람이 많지 않을까 생각했는데, 전 세계 고객들은 모두 냉정했다. 심지어 내가 화장실을 간 사이 콜라주에 대해 궁금해하는 사람이 다녀갔다고 하니 거참 타이밍이 이렇게도 어긋나나 싶었다. 시간이 조금 지나고 친구와 나는 거의 포기 상태로 소비자들의 냉혹함을 느끼며 반쯤 해탈했고, 이제는 그저 그 상황을 즐기기로 마음을 먹었다.

근처에서 같이 물건을 팔던 흑인 친구에게 가서 말을 걸며 수다를 떨기 시작했다. 나는 아프리카 꽃이나 이국적인 분위기에 호기심이 많았고 그가 팔고 있던 아프리카 전통 액세서리는 나의 눈을 사로잡기 충분했다. 한참을 구경하다가 이야기를 나누기 시작했다. 알고 보니 이 친구는 나처럼 일회성으로 길거리 판매를 하는 것이 아니었다. 본업이라면 본업이었는데, 무비자로 프랑스에 체류할 수 있는 3개월 동안 가져온 액세서리를 길에서 팔거나 바 같은 곳에서 전통 악기를 연주하며 생계를 유지하고 있었다. 그러다 비자가 끝나기 직전에 다시 고국으로 돌아가서 다시 팔 물건을 챙겨서 오는 것이다. 또 한 번 나의 생각과 시선이 확장되는 순간이었다. 이런 삶을 사는 사람도 있구나. 불안정해 보이는 삶의 리듬 위에서 안정적으로 파도 타듯 이렇게 살아갈 수도 있구나 싶었다.

그렇게 첫 번째 길거리 판매 수익 0원을 찍고 친구와 그저 웃으면서 저녁을 밖에서 먹고 집으로 돌아갔더랬다. 그리고 두 번째 시도는 몽마르트르 언덕이었는데 여긴 경찰 단속이 있어서 얼마 못 있고 철수했다(프랑스어도 잘 못하는데 큰 문제를 만들고 싶지는 않았다). 결국 여기서도 길거리 화가들을 둘러보며 시간을 보내다 결국 관광만 하고 돌아왔다.

길거리 판매에서 물질적인 소득은 없었다. 인건비와 재료비를 따진다면 오히려 마이너스였다. 그러나 내 인생에는 매우 큰 소득을 남겼다. 소비자들의 냉정함을 알았고, 거침없이 다른 도전을 이어갈 수 있는 강단을 얻었으니까. 외국에서 길거리까지 나앉아 봤는데 말 통하는 한국에서 무엇을 못할까!

프랑스
- 50장의 자기소개서를 돌리고 현실을 마주하다

나의 프랑스어 실력은 백지에 가까웠다. 프랑스를 가기 전 2주 동안 문법 수업을 들은 게 전부였으니 파리에 와서 혼자 공부했다고 한들 얼마나 실력이 향상되었겠는가. 그래서 초반에 언어 스트레스가 굉장히 컸다. 생각해보면 한국에서 영어는 나의 의지와 상관없이 초등학교 때부터 조금씩 계속 노출되어 있었고, 일상에서 쓸 일이 전혀 없는 고급 어휘까지 공부를 해야만 하는 과목이었다. 그런 영어도 해외를 나가는 몇 번의 경험과 시간을 통해 그나마 일궈낸 것이었는데 완전히 새로운 언어를 나이 들어 습득해야 하니 쉬울 리가 없었다. 그나마 다행이었던 건, 영어와 스펠링이 비슷한 프랑스어가 제법 있었다는 것이다. 예상보다 덜 낯설게 새로운 언어를 공부하며 파리에서의 구직 준비를 본격적으로 해나가기 시작했다.

우선 구글 검색으로 프랑스에서 보편적으로 사용하는 이력서와 자기소개서 양식을 참고해 나의 정보와 글을 채워나갔다. 이때 구글 번역기의 도움을 많이 받았다. 영어로 쓰고 구글 번역기를 이용해 다시 프랑스어로 번역하는 식이었다. 이력서는 졸업한 학교나 경력을 채워넣는 간단한 것이었지만, 자기소개서는 한글로도 쓰는 게 쉽지 않아서 머리를 쥐어짜며 썼다. 그렇게 영어로 쓴 글을 번역기에 돌리고, 그걸 다시 정리한 다음 카우치서핑으로 알게 된 흑인 친구에게 첨삭을 부탁했다(아무래도 어색하게 번역된 부분이 있을 수도 있으니). 고맙게도 친구가 한 번 다듬어주었고 그렇게 정돈된 이력서와 자기소개서를 50장씩 복사해 든든하게 준비를 해두었다.

다음엔 구직 상황에 필요한 프랑스어 표현을 정리하기 시작했다. 상황극에 대한 '대본'을 쓴 것이다. 꽃집에 처음 들어가서 내가 해야 할 말들과 면접을 보며 주고받을 내용들을 상상해서 대본을 썼고, 그걸 반복해서 읽어보며 연습을 했다. 그리고 구글 지도를 보며 구역을 나누어, 구역별로 꽃집 목록을 만들기 시작했다. 그렇게 나름 만반의 준비를 하고 길을 나섰는데 막상 꽃집 앞에 서니 들어갈 용기가 쉽게 나지 않았다.

영어권 나라였으면 덜 떨렸을까? 백지에 가까운 프랑스어를 내뱉어야 한다는 것이 큰 압박이었다. 심지어 단순히 구경이 아닌 일자리가 있는지를 물어봐야 하고, 테스트로 꽃다발을 그 자리에서 만들어야 할지도 모를 일이었다. 어느 순간 들어가지 않아도 되는 이유를 생각하며 합리화를 하는 내 모습이 보였다.

'저 꽃집 외관을 보니, 내가 선호하는 꽃 스타일이 아닐 것 같아. 그냥 가자.'

'으아, 여기 꽃다발은 너무 촌스러운데. 안 되겠다.'

이런 생각과 함께 꽃집 밖을 배회만 하다 지나쳐버리기 일쑤였다. 며칠을 그렇게 허탕만 쳤고, 순간 아무것도 못하고 한국을 돌아가는 모습이 그려지며 이건 아니다 싶었다.

'민지야, 뭐든 시작이 어려운 법이지 그 뒤로는 괜찮아질 거야. 별일 아니야. 그냥 들어가봐!'

이렇게 스스로를 달래가며 그렇게 처음으로 낯선 꽃집을 들어섰다. 무슨 일이든 시작이 어렵지 한번 하고 나면 그 뒤로는 배짱이 두둑해지는 법. 그렇게 50군데가 넘는 꽃집의 문턱을 넘어서 들어갔다.

"안녕하세요, 혹시 일자리 있나요?"
"한국에서 워킹 홀리데이 비자로 왔어요. 여기 이력서랑 자기소개서가 있고, 혹시 제 포트폴리오 봐주시겠어요?"

대본을 써서 외워간 프랑스어를 내뱉으며 대화를 주고받았고, 막히면 영어로 이야기를 이어갔다. 다행히 파리는 전 세계 사람들이 관광과 일을 하러 오는 곳이었기에 영어로 의사소통이 가능했다. 프랑스어가 부족해도 영어를 어느 정도 하면 문제가 되지 않는다고 생각하는 파리 사람들이었다.

그렇게 다채로운 파리의 꽃집들을 다니다 보니 한국과 다른 점이 있었다. 우선 매장에 꽃 냉장고가 없다. 한국의 여름은 고온 다습해서 생화가 실온에서 버티기 힘든 기후다. 하지만 파리의 여름은 실내만 들어가도 서늘했고, 살인적으로 뜨거운 날도 여름 중 손에 꼽았다. 그러니 꽃을 매장 또는 야외 그늘에 둬도 문제가 없

었다(얼마나 부러웠던지. 개인적으로 냉장고의 소음도 싫어한다).

그러다 보니 꽃집의 인테리어나 스타일이 가지각색이었다. 한국에서는 상상할 수 없는, 자유로운 꽃집 인테리어가 많았다. 오래된 가정집에 들어온 듯한 곳도 있고, 빈티지 소품 가게인가 싶은, 또는 갤러리 같은 세련된 분위기의 공간도 있었으니 어느 순간 꽃집 분위기를 보는 재미가 생길 정도였다(이때의 경험이 지금 믹스뚜 공간에도 영향을 많이 주었다).

의외의 부분들도 있었다. 꽃 종류가 한국과 크게 다르지 않았다. 하지만 크기가 크거나 훨씬 싱싱했다. 예를 들어 수국 같은 경우, 한국에서 보던 것들과 달리 훨씬 키가 크고, 싱싱하며 힘이 넘쳤다. 꽃 디자인 또한 생각보다 다채롭지 않았고, 꽃을 포장하는 부자재나 방법도 많이 소박했다. 한국에서 내가 일했던 꽃집 같은 경우 가게는 작았지만 꽃을 포장하는 종이나 리본이 기본 열 가지가 넘었다. 그에 반해 파리에 있는 꽃집들은 라피아 끈만 있거나 포장지도 하얀 전지가 끝이었다. 가끔 색깔별로 습자지를 둔 곳이 있었지만 그마저도 다섯 가지가 넘지 않았다. 역시나 직접 뛰어들어야 보이는 진짜 현실이 있는 것이다. 그러다 보니 50여 곳을 돌아봤지만 보자마자 반한 곳은 딱 한 군데. 어느 정도 세련되고 배워보고 싶은 스타일의 꽃집이 열 군데 정도였다. 나는 어떤 환상을 가지고 있었던 걸까? 나의 기대에 못 미치는 파리의 꽃 디자인을 보고 잠시 충격을 받았다. 그리고 그 너머 진짜 현실을 마주하게 되었다.

프랑스
– 멀리선 희극, 가까이에선 비극

파리에서 유일하게 '뽕' 간 꽃집은 가게 외관이 빈티지한 빨간색으로 칠해져 있었다. 주인이 없는 가게 안을 들여다보니 빈티지 원목 가구들로 채워져 있었고 거울과 촛대, 갖가지 소품들이 자연 소재들과 자연스럽고도 귀엽게 뒤섞여 있었다. 이곳의 주인을 무조건! 너무나! 만나보고 싶었다.

'드디어 찾았다! 파리에서 이 한 몸 바쳐 진심으로 일하고 싶은 꽃집을!'

그리고 다섯 번째 방문 만에 대표 플로리스트를 만날 수 있었다. 이곳은 엄밀히 말해서 스튜디오, 작업실이었기에 방문 예약을 해야 했다. 파리 근교로 외부 작업을 자주 가는 편이라 스튜디오는 닫혀 있을 때가 많다는 설명을 듣고, 나의 소개를 이어갔다. 너무나 세심하게 나의 포트폴리오를 보시곤, 따뜻하고 감사한 피드백을 해주셨다.

"당신은 이미 꽃을 이해하고 있어요. 작품들을 보면 당신의 재능과 감각이 보이거든요."

이어서 자신의 스튜디오는 규모가 크지 않기 때문에 사람을 채용할 상황이 되지 못한다는 답과 냉혹한 파리의 현실을 이야기해 주셨다.

"파리에서 플로리스트라는 직업의 대우가 그렇게 좋은 편은 아니에요. 무급 인턴십도 많고, 일자리가 많지는 않거든요. 그래도 규모가 큰 곳은 일자리가 있을 거예요. 몇 군데를 알려줄 테니 찾아가봐요. 그리고 만약 일을 찾지 못하며 내게 다시 연락해요. 내가 방법을 더 찾아볼 테니까."

또한 본인은 너무나도 치열한 경쟁 때문에 지쳐서 이제는 파리를 떠나고 싶다는 말도 붙이셨다. 파리는 프랑스가 아니라는 말이 있는 것처럼 너무나 치열한 도시인 것이다. 서울처럼. 유일하게 반한 곳에서 일을 해볼 기회도 없었고, 파리의 쓸쓸한 현실만을 듣고 왔지만, 긍정적인 자극과 에너지를 받고 온 기분이었다(파리를 떠나기 전 그에게 콜라주를 선물을 하려고 스튜디오를 다시 방문했었으나 역시나 문이 닫혀 있었고, 맞은편 카페에 선물을 맡기고 왔다. 그리고 다행히 선물을 잘 받았다는 메일을 주셨다).

나는 다시 포트폴리오와 이력서를 들고 다른 꽃집을 찾기 시작했다. 그러다 나의 포트폴리오를 진득이 봐주는 곳을 또 만났다. 곱슬머리의 푸근한 인상을 한 대표님은 나의 작업들을 긍정적으로 봐주었고 질문을 하기 시작했다. 그리고 결국 영어로 대화를 이어갔다.

"당신의 작품들과 포트폴리오 디자인이 마음에 들어요. 그런데 이게 진짜가 아닐 수도 있겠죠. 그걸 확인해보고 싶어요. 2~3일

정도 일을 해본 후에 당신도 이곳에서 일하고 싶은지, 나도 당신을 채용하고 싶은지 우리 다시 이야기해봐도 괜찮을까요?"

"물론이죠. 불어도 잘 못하는 내게 기회를 주는 것만으로도 너무나 감사해요. 내일부터 바로 출근할게요. 고마워요. 정말!"

"당신에게 기회를 주는 게 어려운 건 아니니까요. 난 항상 열려있고, 인생은 사람과 사람의 만남으로 이루어져 있다고 생각하거든요."

인상 깊은 그의 마지막 말을 가슴에 품은 채 설레는 마음으로 파리에서의 첫 출근을 했다. 가게에 가니 나보다 힘이 더 넘치는 1미터가량의 싱싱한 수국 100대가 날 기다리고 있었고, 칼로 수국의 잎사귀를 제거하며 줄기 끝을 사선으로 쳐냈다. 마치 사무라이가 된 것처럼. 다음 날에는 대표님과 동료 직원과 함께 어느 호텔로 외부 작업을 나가기도 했는데, 내 생애 처음 들어가보는 펜트하우스 스위트룸이었다. 영화에서만 보던 넓은 공간, 화려하고 클래식한 벽지와 가구들. 순간 내적 흥분이 일어났지만 정신을 차리고, 동료 직원의 설명에 따라 꽃을 장식하기 시작했다. 그렇게 짧은 기간 동안 다양한 작업들을 해볼 수 있었고, 결론적으로 내가 배우고 싶은 꽃 디자인과 스타일이 아니어서 계약은 하지 않았다.

다시 이력서를 돌리기 시작했고, 어느새 9월 말이 되었다. 나는 정신적으로 너무나 지쳐 있었다.

'그래, 이번이 마지막 이력서 제출이다. 나 자신에 대한 어떤 부끄러움도, 미련도 남지 않게 최선을 다해보자. 오늘 다 제출하고 며칠이 지나도 아무 연락이 없으면 미련 없이 한국으로 돌아가는

거야!'

그렇게 자포자기한 심정으로 이력서를 낸 곳에서 두 번째 시도를 할 수 있었다. 천장에 거의 닿는 거대한 불상이 있는 꽃집이었다. 이곳 역시 일을 해본 뒤 계약을 결정하기로 했다. 여긴 일반 꽃집처럼 방문 손님도 있고, 외부로 꽃 정기 교체를 하는 작업도 많은 일손이 항시 부족한 곳이었다.

일을 하면서 재미났던 건 파리에 있는 가정집에 들어가볼 수 있는 기회가 있었다는 것이다. 꽃집 바로 옆 건물인 단골집으로 센터피스를 교체하러 가곤 했다. 높이가 1미터인 도자기에 꽃을 꽂으니 내 키만 한 센터피스가 탄생했고, 카트에 올려 대표님과 함께 집까지 들어갔다. 문이 열리고 집 안에 들어서자마자 입이 떡 벌어졌다. 내부는 내가 여태껏 보지 못한 앤티크 가구와 모던 가구들이 자연스럽게 섞여 있었다. 이태원 앤티크 거리를 한때 자주 다녔는데 거기서 보던 테이블 두께의 두세 배는 되는 듯한 어마어마한 가구들이었다. 유럽은 이런 점이 매력적이었다. 외벽은 옛 모습 그대로를 유지하지만 내부는 상상을 초월하는 가지각색의 인테리어의 집들이 있었다.

하루에 열두 시간을 일하며 몸은 고됐지만, 보너스처럼 다양한 삶의 모습들을 엿보며 꽃 속에서 정신없이 일했다. 정식으로 계약을 하기 전에 같이 일하던 직원에게 파리 전반적인 꽃집의 현실과 급여에 대해 질문을 하기 시작했다. 불합리한 대우를 받으며 계약은 할 수 없으니 정보를 최대한 알아둘 필요가 있었다. 당시에 내가 느낀 현실에 대해 간단히 적어보겠다.

1. 파리 꽃집은 한국과 똑같이 박봉. 당연히 최저시급이었다(심지어 화훼전공 학생들을 방학 중에 인턴으로 채용하는데 차비 정도만 지급하거나 무급으로 일했다).

2. 일주일에 60시간을 일하지만 합법적인 주당 근무시간 35시간으로 월급이 책정된다. 초과근무에 대해서는 제대로 계산하지 않고 그에 못 미치는 금액을 임의로 주고 있었다.

3. 부족한 직원을 더 채용하지 않으면서 사업 규모를 유지하고 있었고, 결국 직원에게만 업무가 가중되는 구조였다.

4. 현 꽃집의 꽃 디자인이 세련된 것이 아니었다.

5. 좋은 근무 환경과 조건의 꽃집은 나라 소속인 시청 내에서 플로리스트로 일하는 것이었다(그 외 꽃집들은 거의 위와 같은 상황이었다).

이야기를 듣고 정리를 해보니, 내가 왜 여기에서 일해야 하는지 알 수가 없었다. 당시 내가 20대 초반이었다면 계약을 했을 것이다. 꽃 작업을 하면서 프랑스어도 배우고, 다양한 사람들을 만나며 인맥을 넓힐 수 있었을 테니까. 하지만 다양한 꽃 디자인을 배우며 내 실력을 향상시킬 수 있는 환경은 아니란 생각이 들었다. 지금 나이에서는 적절한 환경과 조건이 아니었던 것이다. 이럴 바엔 최종 목표인 나의 브랜드, 작업실을 빠르게 시작하는 편이 낫겠다는 생각이 들었다. 그렇게 나는 돌연 한국으로 돌아가는 비행기 티켓을 끊었다.

  동시에 프랑스에 올 때 어떤 것을 기대하고 온 건지 되짚어보게 되었다. 꽃 문화가 시작된 나라, 선진국인 프랑스라면 한국보다 나은 근무 환경과 대우가 있을 거라 생각했다. 하지만 전문직은 선진국이든 후진국이든 나만의 자리를 잡기까지 만만치 않은 것이었다. 더불어 환경 탓만 하고 있는 듯한 나 자신이 보였다. 무슨 일이든 의지가 중요하다 말하던 이의 모순. 직접 뛰어들어보지 않았다면 몰랐을 현실과 나의 모습이었다. 무엇이든 멀리서 보면 희극이고 가까이서 보면 비극임을 몸소 느끼며 나는 시원섭섭한 마음으로 귀국 비행기에 올랐다.

CHAPTER

4

나의 또 다른 이름,
믹스뚜

프랑스에 머물면서 미래에 나만의 브랜드를 만든다면 어떤 이름으로 짓고 싶은지 고민하기 시작했다. 시작은 '나'라는 사람을 분석하는 것이었다. 김민지가 만들고, 김민지가 팔고, 김민지가 운영하는 것이니 '김민지다운' 이름을 가져야 한다고 생각했다. 우선 나의 성향과 취향에 집중했다.

어릴 적부터 지금까지 보자면 다양한 것에 관심이 많았고, 하나에만 머물지 않았다. 물론 꽃을 포함한 자연 소재를 도구로 시각 작업을 한다는 '중심'은 정해져 있었다. 그저 이를 중심으로 다양한 부소재와 다른 영역(다른 공예 작업이나 음악과 무용, 음식 등)에 대한 호기심이 멈추지 않았고, 이에 영감을 받거나 함께 새로운 작업을 하는 것을 좋아했다. 결국 나는 '다양성'에 자신을 노출시켜 작업을 발전시키고 다듬어가는 것을 즐기는 사람이라는 결론.

꽃 학원을 다니면서부터 이때까지 전공을 바꾼 것에 대해 후회를 한 적이 없다. 도리어 나는 '새로움'을 발견하고 창조하기 위해 태어난 사람임을 더 강렬히 느끼고 확신하고 있었다. 내가 생각하지 못한 것을 누군가 만들어냈을 때면 그것을 옆에서 보기만 해도 희열이 차오른다. 내가 만들면 그 희열이 얼마나 더 크겠는가? 다양성에 자극을 받고, 그것을 원동력으로 움직이며, 또 다른 다양성을 창조해내는 것이 나의 '천직'이라 생각한다. 고등학생 때는 변덕이라고 생각했지만 나는 그저 그렇게 태어난 사람이었다. 나이가 더 들어도 작업에 있어서 이런 생각은 쉬이 변하지 않을 것이라는 확신이 있었다.

한 지인이 나를 보며 한 말이 있었다.

"민지 씨는 떠다니는 비눗방울을 보며 "와, 이쁘다!" 감탄하며 그치는 것이 아닌 저런 비눗방울 같은 무언가를 만들고 싶은 욕구가 있는, 창작을 해야 하는 사람이에요."

정확한 표현이었다. 나는 단순히 아름다운 것을 감상만 하는 것이 아닌 만들어내고 싶은 사람이다. 다시 정리하자면, 자연 소재를 도구로 시각 작업을 하는, 끊임없이 다채로운 소재와 사람 마주하는 모든 것들을 작업에 녹여내기 위해 태어난 사람인 것이다. 그렇게 '모든 것을 섞다'라는 뜻의 브랜드 이름을 짓게 되었다.

Mixer + Tout = MixTouT

'섞다'와 '모든'을 합쳐서 만든 프랑스어 합성어 '믹스뚜(MixTouT)'. 시각적으로도 명료했고, 한글로 들었을 때도 기억하기 쉬워 이거구나! 싶었다(물론, 처음 들으면 갸우뚱거리는 게 일반적인 반응이다. 꽃 시장 상인분들에게는 믹스 커피와 '뚜!'를 강조하며 말씀드린다). 갑작스럽게 프랑스에서 한국으로 돌아와 믹스뚜라는 이름으로 2014

년 4월 14일에 사업자 등록을 하게 되었다.

　문득 믹스뚜라는 이름을 지은 과거의 나 자신에게 소름이 돋는 날들이 많다. 의미를 담아 새롭게 만들고 부르는 이름은 어쩌면 주문 같은 게 아닐까. 믹스뚜를 만들고 지금까지의 행보를 돌아보면 이름대로 자연스럽게 잘 흘러가고 있으니 말이다.

떠돌이 작업자

애매하고 찜찜한 상태로 있는 것을 못 견디는 성격이라 바로 사업 등록을 하고, 통신판매업신고까지 한 번에 해버렸다. 당시 블로그로 꽃 주문을 받고 판매할 생각에 시원하게 통신판매업까지 등록했지만 결국 제대로 활용하지 못한 채 8년 동안 면허세만 내다가 뒤늦게 취소했다. 너무 준비성이 좋아도 삽질은 한다.

자본 0원인 상태로 믹스뚜를 시작했다. 빨리 결혼한 여동생 덕분에 방이 하나 남게 되었고, 그 방에 꽃 장비들을 두고 작업 공간으로 썼다. 꽃 장비라고 해봤자 꽃을 꽂아두는 물통과 가위, 철사, 포장지와 리본 그리고 쇼핑백이 전부였다. 꽃은 주문이 들어오면 고속터미널 꽃 시장에서 소재를 사와 작업한 뒤 최대한 바로 보냈다. 꽃이 집에 머무는 시간을 최소화했기 때문에 따로 꽃 냉장고는 필요하지 않았다. 단, 여름에는 온도에 많이 예민한 소재들을 집 냉장고에 잠시 넣어두는 방법으로 꽃의 신선도를 유지했다.

당시 나는 차도 없는 뚜벅이였기 때문에 꽃다발 하나를 만들어 배송하는 데도 많은 단계가 필요했다. 꽃 시장을 가기 위해서는 일산 집에서 나와 마을버스를 타고, 지하철역에 내려 3호선을 갈아타야 했다. 고속터미널역 꽃 시장에서 꽃을 사고 집으로 돌아와 꽃을 정리하고 작업한 뒤, 서울로 직접 배송을 가거나 배송업체에 꽃을 전달했다. 일산에서 바로 서울로 배송을 보내면 너무 비싸서 내가 어느 정도 나간 후 업체에 전달하는 방법으로 고객의 배송비 부담을 줄였다(초반에는 지인들이 많이 주문해줘서 고마운 마음도 전하고 얼굴도 볼 겸 직접 꽃을 들고 가곤 했다).

재료비를 떠나서 5만 원 꽃다발 하나를 손님에게 보내기 위해 내가 길 위에서 보내는 시간이 기본 반나절이었던 것이다. 이 얼마나 비효율적인가. 이 얼마나 미련하게 장사를 하는가. 사업을 모르는 나도 이건 아니다 싶었다. 하지만 계속 서울에서 활동을 해왔고, 지인들도 대부분 서울에 있다 보니 이 말도 안 되는 상황을 계속 감수하고 있었다. 그래도 어쩌랴. 주문 하나라도 감사히 여기고, 다음 주문을 위한 발판으로 삼아야 했다.

그렇게 일산에서 꽃 팔겠다고 낑낑거리고 있으니 서울에 업장이 있는 지인들이 자기 공간에서 작업을 하라며 감사하게도 손을 내밀어주었다. 첫 번째 공간은 신사동 지하에 있는 폴 댄스 학원이었다. 아무래도 학원이다 보니 저녁 수업이 대부분이었고, 꽃 시장이 있는 고속터미널과 굉장히 가까웠기에 최적의 공간이었다. 꽃 주문이 들어오면 꽃을 사 와서 학원 탈의실에 있는 화장대에 꽃을 두고 작업한 후 배송업체가 학원으로 픽업을 오면 전달해주었다. 꽃 시장을 다녀온 후 한 곳에 머물기만 해도 되는 것이다. 일산 집에서 작업할 때와 비교하면 그곳은 천국이었다.

두 번째 작업실은 삼청동 한옥에 있는 건축사무소였다. 처음엔 대표인 지인이 건물 앞뒤로 있는 화단에 나무와 꽃을 식재하고 격주로 관리를 해줄 것을 제안했다. 절화(折花)만을 주로 다루던 내게 뿌리가 있는 식물과 흙을 만진다는 것은 일이라기보다는 또 다른 힐링이었다. 마다할 이유가 없었고, 그렇게 놀러 가듯 격주에 한 번 삼청동의 한옥으로 출근하며 콧노래와 함께 화단을 정리하고 물을 주었다. 한데 자연과 가까워질수록 그 대가도 따라왔다. 우선, 봄이면 날아오는 호박벌을 피해 다니기 바빴고, 주변 길고양이들에게 장난감이 되어버린 죽은 새를 보기도 했으며, 돈벌레는 어느 순간 익숙해지고 신화 속 벌레 같았던 꼽등이도 직접 마주하는 생동감 넘치는 경험을 맘껏 했다. 반대로 평온을 음미하는 순간도 있었다. 건축사무소 뒷마당에는 자그마한 공간이 따로 있었는데 조용한 주말 낮에 그곳에 앉아 화단을 바라보며 원데이 클래스를 진행하기도 했다.

세 번째 작업실은 압구정동의 레스토랑이었다. 믹스뚜를 시작하면서 나도 좋아할 수 있는 공간에 꽃을 두고 싶은 마음이 강했다. 그래서 서울에 있는 레스토랑을 검색해 나의 꽃 작업과 어울릴만한 곳을 추린 다음 연락을 돌린 적이 있었다. 그렇게 인연이 닿은 곳은 서촌의 '물랑(Moulin)'이라는 프렌치 파인다이닝 레스토랑이었다. 처음엔 계절마다 테이블에 올라갈 건조화 센터피스를 제작했고, 나중엔 셰프님이 압구정에 캐주얼 레스토랑을 하나 더 운영하게 되면서 더욱 가까워졌다. 압구정이 꽃 시장과 가깝고 배송 편의성도 너무나 좋으니 레스토랑에서 편하게 작업하는 것을 먼저 권하셨고, 그렇게 감각적인 공간에서 꽃을 두고 황홀하게 작업을 할 수 있었다.

매주 꽃을 사서 레스토랑의 테이블에 놓을 센터피스를 작업하고, 따로 들어오는 꽃 주문을 받기도 하며, 레스토랑의 디저트나 커피와 함께 원데이 클래스를 진행도 하고, 연말 파티가 있을 때는 꽃과 장식을 담당하기도 했다. 이렇게 다채로운 기회와 더불어 나중엔 지하에 따로 나만의 공간을 마련해주셨다. 레스토랑 영업시간과 상관없이 개인 작업도 편히 할 수 있게끔 배려해주신 것이다. 그러다 보니 레스토랑 직원처럼 오래 머물고 직원 식사까지 함께 든든히 먹으며 외롭지 않게 작업을 이어갈 수 있었다.

나는 새로움과 변화를 좋아하는 사람이다. 그러니 나만의 공간이 없었음에도 불구하고 다양한 환경과 사람 속을 자유롭게 다니며 여행자처럼 재미나게 작업을 할 수 있었다. 갖춰진 것 없이 맨땅에서 꽃을 하겠다고 덤벼들었음에도 불구하고 감사한 지인들 덕분에 꽤 오랜 시간 꽃 작업을 이어갈 수 있었다. 중간에 슬럼프가 찾아와 1년 가까이 거의 작업 없이 보낸 날들도 있었지만 옆에서 묵묵히 나를 도와주는 이들 덕분에 여기까지 온 것이다. 결국 인생은 사람과 사람의 만남으로 이어지며, 남는 것도 사람이다. 나 또한 누군가에게 도움을 줄 수 있는 사람으로 남고 싶다.

스스로 만든 장벽

'언젠가는 나의 공간을 마련하겠지만 지금은 아니야. 아직은 준비가 안 된 것 같아.'

그렇게 여기저기를 떠돌며 작업을 하면서도 현실을 불편해하거나 전혀 비관하지 않았다. 사업가로서 바라보며 내린 판단은 아니었다. 매사 현실적인 환경 조건보다 나의 의지와 직감에 무게를 두고 결정하고 행동하는 편이었고, 아직 때가 아니란 생각이 강했다. 그러던 어느 날 제주에 사는 지인에게서 연락이 왔다.

제주에 살면서 도자기와 청사진 작업을 하는, 나라는 사람과 작업에 대해 누구보다 깊은 시선과 마음으로 바라봐주는 감사한 수오(SUO) 언니였다. 제주도 신라호텔에서 열리는 '서머 크리스마스 마켓'에 참가하는데 여석이 있으니 신청해보지 않겠냐는 연락이었다. 거절할 이유가 없었고, 너무나 감사한 제안이었다. 무더운 여름 생화를 들고 가서 판매할 상황은 아니었고, 차라리 이번 마켓을 계기로 나만의 건조화 작업인 '콜라주'와 '모빌'을 사람들에게 소개해야겠다고 생각했다.

많이 팔아야겠다는 생각보다는 조금 생소한 나의 건조화 작업물을 사람들에게 소개하는데 의의를 두었다. 계속할까 말까 고민하며 미루고 있던 콜라주 액자 작업도 박차를 가했고, 모빌도 추가 제작을 해서 부족해 보이지 않게 작업물들을 챙겨 제주로 갔다. 그렇게 제주의 언니 집에 도착했고, 부엌 바닥 한편에 작업물들을 펼쳐두고 디스플레이를 어떻게 할 건지 구상하기 시작했다 (한눈판 사이 집에 살던 고양이에게 콜라주가 한 움큼 뜯겨 부리나케 수정을 하던 일도 있었다).

그런데 명함이 문제가 되었다. 일반적으로 새로운 사람들을 많이 만나는 마켓에 참가를 하면 나에 대한 정보를 사람들이 쉽게 알 수 있게 명함을 둔다. 하지만 당시에는(물론 지금도) 명함에 대해 회의적인 생각을 갖고 있었다. 간편하고 정확하게 나를 알리는 데는 좋은 수단이나 결국 명함을 쌓아두다가 버리게 되는 현실을 마주하는 게 마음이 불편했다. 순간의 편리함을 위해 쓰레기를 만들고 있는 것만 같았다. 그럼에도 나에 대한 정보는 전달해야 하니 소량으로 책갈피로도 활용할 수 있게 자연 소재 명함을 만들자 싶었다. 제법 대중적인 '유칼립투스' 중에 잎사귀 사이즈가 크고 단단한 종류가 있었고, 책 사이 끼워 잘 말려둔 유칼립투스 잎 위에 이름을 적고 연락처를 남겼다. 그리고 상황을 보면서 추가 제작을 하기로 했다.

그렇게 명함까지 일일이 손으로 써가며 마켓 장소인 신라 호텔로 갔다. 복도에 테이블들이 놓여 있었고 내 자리로 가서 디스플레이를 마무리하고 앉아 손님들을 기다리기 시작했다. 손님들의 반응을 상상해보았다.

"이게 뭐죠?"

"오 신기한 작업이네요."
"좀 어둡고 무섭기도 하네요."
"독특하지만 집에 두기엔 어려울 것 같아요."

자기 객관화가 잘 되어 있는 편이라 나의 작업물이 대중적인 색깔과 분위기가 전혀 아님을 누구보다 잘 알고 있었다. 신기하게 바라보며 그냥 스칠 사람들이 대부분일 거라 생각했다. 한데 사람들의 반응도, 판매도 나의 예상을 빗나갔다. 대박을 치며 완판을 한 것은 아니었으나 하나도 못 팔 거라는 나의 예측은 불발이었다! 우선 마른 자연 소재가 갖고 있는 빛바랜 듯한 특유의 색감에 사람들이 편안함을 느꼈다. 특히 나이가 좀 있으신 분들에게 반응이 유난히 좋았다. 가장 신기했던 반응은 사람들이 멈춰 서서 콜라주를 멍하니 바라보는 것이었다. 한참을 서서 바라보시던 할머니 한 분이 말씀하시길
"뭔지 모르겠는데 사로잡는 힘이 있고, 계속 가만히 바라보게 만들면서 마음이 편안해져요."

아, 내가 콜라주를 통해 느끼는 것이 나만 느끼는 것은 아니었구나. 소름이 돋았다. 생각보다 진지한 관심에 신이 나서 사람들과 작업과 자연에 대해 이야기를 나누다 문득 깨달았다. 한국 사람들 대부분은 낯선 작업에 '벽'을 세우고 있다고 생각했다. 길 위에 사람들만 구경해도 알 수 있다. 가방 하나가 유행하면 너도나도 우리 모두 그 가방을 갖고 있는 모습을 보면 말이다. 그래서 항상 한국엔 '다양성에 대한 관대함과 존중'이 없다고 불평을 늘어놓는 사

람이었는데 가만 보니 그 벽은 내가 세우고 있었다.

그리고 한 조언이 생각났다. 지인의 남편분이 기자로 일하고 계셨고, 함께 만나 나의 일에 대해 이야기를 나눈 적이 있었다. 사업으로서 생화 작업이 어떻게 활용되는지부터 낯선 건조화 작업 이야기까지. 그때도 나의 태도는 똑같았다.

"저는 사실 건조화 작업을 더 많이 하고 싶은데 한국 사람들에게 너무나 낯설고, 상품성도 없어서 어떻게 이어나가야 할지 잘 모르겠어요. 어려워요."

나의 말을 듣고 그분은 한 가지 조언을 해주셨다.
"민지 씨, 우리가 클래식에 호기심을 갖고 검색을 해보면 어떤 음악가의 어떤 앨범부터 들어봐야 할지 막막하잖아요. 그때 많이 알려진 추천곡이나 관련 강의를 먼저 들으면 클래식에 접근하기가 훨씬 수월해지죠. 민지 씨의 건조화 작업도 마찬가지인 거 같아요. 콜라주 작업과 생각을 나누기 위해서는 우선 대중들의 눈높이에 맞는 '입문'을 위한 수준의 작업물을 만들면 좋을 것 같아요. 대중이 좀 더 편하고 친숙하게 느낄 수 있는 사이즈나 스타일로 먼저 사람들에게 다가서고, 그러다가 몇몇 사람들과는 깊은 대화를 나누는 거죠."

이 조언을 듣고 생각했다. 내가 이기적이었구나. 친절하게 설명하지도, 다가서지도 않으면서 어린아이처럼 내게 눈길을 주지 않는다고 칭얼거리고 있었구나 싶었다. 마켓에서의 경험으로 내가 세운 '벽'을 인지했고, 이제는 그 '벽'을 내 손으로 허물어야 했다.

나의 공간을 마련하고 좀 더 다가서기 쉬운 콜라주와 모빌 작업을 연구해서 사람들이 언제든 와서 볼 수 있는 공간과 시간을 마련할 때가 온 것이다.

꽃꽂이 수업이 싫은 꽃집 사장

생애 처음으로 부동산을 가보기 시작했다. 한국에서 자취를 해본 적이 없었으니 항상 집 걱정 없이 부모님 집에서 편안하게 살던 내가 새로운 세상으로 첫발을 들인 것이다. 이쪽으로 아는 바가 전혀 없었던 나는 우선 부동산 애플리케이션과 네이버 검색을 통해 이런저런 매물들을 찾고 시세를 알아보았다. 부동산마다 몇 개의 매물들을 확인해두고 직접 방문해보았는데 인터넷에는 있던 매물이 실상 없는 경우가 더 많았다. 세상 모든 것이 온라인으로 바뀐다 해도 여전히 오프라인으로 정면 돌파하는 게 속 시원하고 정확하다. 이후론 동네를 다니며 보이는 부동산을 마구 들어가기 시작했다. 그렇게 찾은 첫 번째 공간은 권리금 합의가 되지 않았고, 두 번째 공간은 입주 날짜가 맞지 않았다. 마지막 세 번째 공간만 남아 있었다. 여기도 안 되면 잠시 한숨 돌리고 날이 따뜻해지는 봄에 다시 찾아보자 싶었다. 그리고 마지막 선택지가 결국 나의 첫 개인 작업실이 되었다.

고속터미널 꽃 시장을 다니기 수월한 일산 끝, 백석동이었으며, 좋아하는 산책길이 있는, 내 성향에 맞는 조용한 동네였다(결국 사업적인 부분은 무시한 것이다). 그리고 무권리에 새롭게 공사한 깨끗한 벽과 바닥이 있어 손볼 게 없는 공간이었다. 상권이라는 것은 사실상 크게 신경 쓰지 않았다. 시대는 변한다고 요즘엔 엉뚱한 위치에 가게가 있어도 사람들이 다 찾아가는 분위기였고, 부동산에서조차 대로변에 있는 가게들이 인기가 없다고 말할 정도였다. 내가 오래 머무를 곳이니 상권보다는 나의 성향과 맞아야 했고, 대중교통 이용도 가능해야 하며, 주차는 어느 정도 되는지를 중요하게 보았다. 그런 점에서 지금의 공간이 딱이었다.

처음으로 공간을 꾸려보는 터라 자신이 없었기에 모든 부분에서 무리하지 않기로 나와 약속했다. 그래서 인테리어 공사를 하지 않기로 결정하고, 벽 페인트칠도 확신이 없어서 평소 좋아하던 노방천을 덧대어 커튼으로도 사용하며 가구와 내 몸만 들였다. 그렇게 부담스럽지 않게 아담한 나만의 공간을 얻게 되었고, 조용한 일요일 아침 홀로 앉아 있으면 그렇게 행복할 수가 없었.

내가 하고 싶은 대로 무엇이든 맘껏 할 수 있는 공간이 생겼으니 사람들을 편하게 초대하고, 원데이 클래스를 맘껏 진행할 수 있게 되었다. 파리에 머무는 동안 브랜드 이름을 고민하면서, 하고 싶은 수업이나 작업에 대해 적은 노트가 있다. 그때 적은 수업에 관한 생각은 아래와 같다.

> 자기 자신에게 집중하고 진정한 나를 발견하는 시간, 그런 수업을 진행하고 싶다.

이걸 보고 누가 꽃 작업을 하는 사람이라고 예상할 수 있겠는가. 하지만 지금까지 살면서 주변 친구들과 사람들을 보면서 느낀 나의 진심이었다. 학교 다닐 때 친구들은 모두 자리를 잘 잡았다. 대기업에 바로 취직하거나 석박사 과정을 거치거나, 사회가 말하는 성공이라면 성공, 안정적인 기로에 들어선 것이다. 그런데 지인들을 포함 안정적으로 살고 있는 사람들과 깊게 이야기를 하다 보면 자기 자신이 무엇을 좋아하는지 잘 모르는 상태로 흘러가는 대로 사는 경우가 다반사였다. 그 이유를 생각해보니 타고난 성향도 있겠지만, 한국이라는 나라의 초중고 과정 속엔 '나를 알아가는 시간과 기회'가 충분히(어쩌면 전혀) 주어지지 않았기 때문인 것 같았다. 나 같은 경우는 유난히 좋아하는 것이 명확했고, 집중할 수 있는 선천적인 성격과 환경이 감사히도 잘 맞아떨어졌지만 이런 경우는 드물 것이다. 고로 사회적 흐름에 따라 수동적으로 흐르며 안정적으로 살아가지만 만족도는 떨어지는 삶을 사는 사람들이 제법 많이 보였다.

한 개인은 모두 다른 성격과 개성을 가지고 있고, 그 '차별성'이 각자의 힘이라고 생각한다. 물론 모든 사람들이 자기가 좋아하는 것을 발견해서 그걸 직업으로 삼아야 하는 것은 아니다(정해진 일을 반복적으로 하는 것에 능하고, 그것에 안정감을 느끼는 사람도 있으니 말이다). 하지만 최소한 자기가 좋아하는 것을 알면 일상에서 쌓인 스트레스를 해소하고 다시 돌아갈 수 있는 힘을 얻게 되며 회복력이 좋아진다. 이것이 삶의 유연성이라 생각한다.

그런 생각을 통해 나온 수업들이 바로 '꽃의 해부', '질문놀이', '자연 만다라 만들기', '나만의 모빌 만들기', '콜라주 명상' 등이었다. 물론, 꽃을 화병에 꽂는 '센터피스'를 만드는 수업도 진행했었다. 단 완성된 센터피스를 앞에 두고 이렇게 저렇게 꽂는 법만 친

절하게 설명해주는 수업은 피했다.

꽃 학원을 다닐 때 깨달은 것이 있다. 똑같은 소재들이 주어지고, 같은 것을 보고 만든다고 해도 결국 '다른 사람'이 만들기 때문에 '다른 결과물'이 나온다는 것을. 분명 선생님의 데몬스트레이션을 똑같이 보고 만들었음에도 불구하고 학생들의 결과물은 놀랍도록 다르게 나오며 만든 이의 성격이 고스란히 담기는 것이 신기했다.

결국 자기만이 갖고 있는 '개성'이 드러나는 것이 너무나 흥미로웠고, 단순히 취미인 원데이 클래스도 자기가 드러나는 자기다운 결과물이 나오길 바랐다. 문제는 어설프게 꽂아둔 자신의 센터피스를 뿌듯하게 여기며 들고 갈 사람들이 많지는 않다는 점이었다. 일반적으로 원데이 클래스를 듣는 분들은 대부분 편하고 쉽게 멋진 작업물을 만들어 집에 가져가고 싶어 하기 때문이다.

그런데 김민지의 고집은 또 얼마나 굳건한가. 결국 나는 완성 샘플이 없는 센터피스 수업을 진행했다. 사용할 자연 소재 이름과 특징을 설명하며 시작하고, 꽃을 꽂아가는 순서와 어떻게 꽂는 것이 좋은지를 알려드린다. 물론 처음에 몇 분 동안 꽃을 하나도 꽂지 못하고 멍하니 바라보고 계시는 분들도 있었다. 그러나 하나씩 천천히 꽂다 보면 어느새 완성이 되어 있고, 나는 마지막에 조금 다듬어주는 정도만 손을 댄다(한 사람의 개성을 나의 색깔로 뒤덮는 것이 나는 싫다).

그리고 마지막이 가장 재미난 포인트인데, 만드는 사람마다 다르게 완성된, 성격이 드러나는 결과물을 비교하는 과정이다(사실 만드는 과정에서도 성격은 드러난다). 섬세하고 조심성이 많은 성격이라면 화형이 작고 빼곡하게 나오고, 대범한 성격은 크고 높낮이 차이가 크게 난다. 이런 다양성을 마주하는 시간들이 흥미로웠고, 이런 식으로 센터피스 수업을 진행했었다. 그런데 이런 수업에 내가 점점 흥미가 떨어졌다. 꽃집 수업이라는 틀에서 벗어나고 싶었다. 그것도 아주 멀리! 왜 꽃집이라고 꽃다발과 센터피스만 만드는 수업을 해야 하는가?

우선 꽃을 포함한 자연 소재를 자세히 관찰하는 시간을 가졌으면 했다. 보통 꽃다발을 바라볼 때 사람들은 꽃을 멀리서 전체만 보는 특징이 있다. 꽃이 어떤 부분으로 이루어졌는지 자세히 들여다보지 않는다. 하지만 장미와 카네이션의 꽃잎은 모양도 색깔도 질감도 다르고, 암술과 수술 그리고 잎사귀도 다 다른 모습을 하고 있다. 우리가 너무나 잘 아는 장미지만 가까이 부분 부분을 들여다보면 새로운 '시선'과 '자극'을 얻게 된다. 당연하게 생각하고 받아들이던 어떤 것에 재미를 한 방울 떨어뜨리게 되는 것이다. 이런 생각으로 기획된 수업이 '꽃의 해부' 수업이다. 평상시 꽃을 분해하는 것은 하면 안 되는 행동처럼 여겨지나 이 수업에서는 자유롭게 이루어진다. 꽃잎을 만질 때의 질감. 확대경으로 실체를 확인하는 암술의 적나라한 형태. 익숙한 것에서 낯선 감각을 마주하며 연상되는 시각 이미지나 이야기 또는 감정을 편하게 공유하는 시간인 것이다.

두 번째로는 나 자신과 조용히 마주할 수 있는 시간을 갖는 '콜라주 명상' 수업. 믹스뚜의 색깔을 가장 잘 보여주는 건조화 작업물 중 하나인 '콜라주' 작업이 있다. 말린 자연 소재와 인공 부자재를 섞어서 중심에서부터 확장되는 만다라 형태의 작업이고, 일렁이는 감정을 직시하며 단순한 작업을 통해 마음의 결을 다듬어가는 '명상'과 같은 행위다. 잊을 만하면 콜라주 수업을 문의를 받았고, 고민하다 수업으로 기획하게 되었다.

결국 믹스뚜의 수업은 자연을 통해 새로운 시선을 발견하고, 나를 마주하며 알아가는 시간이다. 한 번의 수업으로 갑자기 인생에 큰 변화가 생길 수는 없다. 하나 작은 물방울이 바위를 뚫고, 위대한 것은 사소한 것들로 이루어진 것이 아니던가. 사람들이 믹스뚜에서 보내는 잠깐의 시간이 일상 속 작은 울림이 되길 바란다. 결국엔 자신의 취향과 개성을 찾고 '이 세상 속 유일한 나'를 인지하며 흥미로운 다양성 속에서 살아가길 바란다.

플로리스트+자연공예가+α

다양성을 추구하는 것이 때론 장애물이 되기도 했다. 정확히 이야기하자면 '사업적으로'. 타고난 성향 자체가 전혀 사업가적이지 않고, 연구원이나 순수 작가에 가깝다. 더불어 환경도 그러했다. 우선 아빠가 40년 가까이 한 직장을 다니신, 반듯하고 성실하신 직장인이셨고, 주변 친구들도 평탄하게 대학교를 졸업하고 취업을 하거나 석박사 과정을 이어갔다. 고로 사업의 '사' 자도 모르는 사람이 사업을, 자영업을 하게 된 것이다.

그저 꽃과 자연이 좋고, 사람 만나는 것을 좋아하다 보니 파티플래너와 플로리스트라는 직업을 알게 되어 발을 들이게 된 것이다. 꽃 관련 아르바이트와 꽃집에서 일한 경력이 있긴 했으나 홀로 자영업을 운영하기엔 부족한 경험치였다. 그런데 또 해야겠다는 생각이 들면 거침없이 행동으로 옮기는 성격이니 어느 순간 일산 백석동에 공간까지 마련하게 된 것이다. 되돌아보면 나름 고민하며 신중하게 결정했지만 당시에는 단순하게 '어떻게든 되겠지!'라는 생각으로 시작했었다.

이런 준비 상태였으니 운영이 수월하지 않았고(물론 지금도 여전히 어렵다) 성향이 장사꾼이 아니니 만들고 싶지 않은 것을 만들어야 하는 현실에 괴리감을 느끼며 스트레스를 많이 받았다. 기본적으로 '마음'으로 움직이며 창작을 하고 사람을 만나는데, '머리'를 먼저 움직여 상품을 기획하고 영업을 해야 하니 괴로울 수밖에.

예를 들어 꽃집의 성수기란 대표적으로 졸업식, 밸런타인데이, 어버이날, 스승의날, 크리스마스가 있고, 이때 수입을 많이 남겨야 나머지의 날들, 특히 한여름 비수기를 버틸 수 있다. 고로 많이 팔릴 만한 가격대의 꽃 상품을 잘 계획해서 홍보를 해야 하는데 내 마음에 드는 상품을 만들려면 가격이 너무 비싸지고, 홍보할 여유 자금도 없었으며 불특정 다수가 오는 걸 꺼리는, 나는야 '사업자의 탈을 쓴 내향인 예술가'였다.

작업실을 마련하기 전, 여기저기 떠돌며 작업할 때는 시즌 상품을 기획하고, 주변 사람들 덕분에 회사 내 게시판이나 카페에 홍보하며 주문을 받기도 했다. 하지만 나와 결이 비슷한 사람이 대부분 아니다 보니 그 뒤로 주문이 이어지지 않았다. 정말 시즌 장사, 일회성 주문만 가득했던 것이다. 안 그래도 개인적으로 100퍼센트 맘에 드는 디자인의 작업들이 아닌데, 주문이 꾸준히 이어지지 않으니 만족도가 계속 떨어졌고, 이런 마음이 반영된 꽃 상품에 대한 사람들의 반응도 점점 떨어졌다.

이와는 반대로 건조 자연 소재들을 이용한 '모빌'과 '콜라주' 작업은 너무나 몰입이 잘 되었다. 건조화 작업을 하게 된 계기는 단순했다. 꽃이 바짝 마를 때까지의 모습을 보면 생기가 가득했던 때와는 다른 모습이 보였다. 어떤 소재들은 말랐을 때 더 단단해지고, 오묘한 매력을 발산하기도 했다. '내가 왜 이런 부분을 못 봤었지?' 생각하며 놀라움으로 꽃의 여러 부분들을 수집하여 정리해

두고 있었다.

처음 모습과 다르다고 해서, 수명이 다한 꽃이라고 해서 버리기엔 '또 다른 아름다움'이 내 눈에 명확히 보였다. 당장 어떻게 쓸지는 모르지만 우선 정리해서 보관하고 있었고, 더불어 갖가지 액세서리 부자재도 수집하고 있었다. 옷과 소품을 좋아하는 엄마 덕분에 집에는 다채로운 스타일의 물건들이 많았고 더 이상 사용하지 않는 것들을 버리기 전에 쓸 만한 부분을 분리해서 정리해두는 습관이 있었다. 예를 들어 단추나 원단 그리고 비즈들 말이다. 이런 성향은 엄마의 영향인 것 같다. 엄마는 옷을 이렇게 저렇게 잘라서 다른 스타일로 입으시기도 했고, 자른 원단으로는 모자를 만들거나 다른 부자재를 붙여 '자신만의 것'을 만드시는, 그걸 또 아무렇지 않게 소화하시는 분이시다.

이렇게 나만의 보물 상자를 자연 작업과 일상에서 나오는 소재들로 채워가고 있었고, 집에서 작업하던 어느 날 문득 어떤 '패턴'이 떠올랐다. 옆에 놓여 있던 캔버스 위에 이걸 표현해야겠구나 싶은 생각이 강렬히 들었고, 내가 떠올린 패턴을 가지고 있던 자연과 인공의 소재들로 그려나가기 시작했다.

돌멩이 두 개를 캔버스에 붙이고 그 돌을 중심으로 다른 소재들을 하나씩 붙여나가기 시작했다. 그러다 보니 어느 순간 캔버스를 빼곡히 채우며 완성을 하게 되었다.

'아, 이건 그냥 나 자신이구나.'

작업을 끝낸 콜라주를 보고 이런 생각이 들었다. 작업하는 과정은 잘 기억이 나지 않았다. 내가 어떤 과정으로 여기까지 왔는지 말이다. 처음 경험해보는 몰입 그리고 쾌감이었다. 그 뒤로 생화 작업이 많지 않은 때나 특정 감정에 강렬히 빠져 있을 때마다 콜라주 작업을 이어갔다.

형태는 캔버스 중심에서 바깥으로 확장되는 방향으로 굳어갔으며 동시에 '묘한 감정'을 느꼈다. 완성된 콜라주의 개수가 늘어갈수록 이 작업이야말로 가장 나를 적나라하게 표현하는 것임을 깨달았고, 몰입할 때마다 울컥하고 올라오는 감정, '달콤한 슬픔'을 마주했다. 콜라주 작업을 할 때마다 그런 감정을 마주하는 것은 아니었으나 자주 경험했고, 이와 관련된 트라우마가 없는데 대체 이 일렁임은 무엇일까, 내가 망각한 무엇이 있는 걸까 싶은 여러 가지 생각이 들곤 했다.

이런 미스터리함을 안고 작업을 계속 이어갔고, 콜라주 작업을 통해 나는 결국 '명상'을 하고 있음을 알게 되었다. 단순히 특정 색깔이나 중심 소재에 꽂혀 콜라주 작업을 시작했지만 작업하는 과정에서 나는 내 안에 묶여 있던 감정과 생각을 직시하고 다듬어갔고, 결국 나의 중심을 다지게 되었다. 이 과정 자체가 내겐 신비롭고도 황홀했으며 감사했다.

그렇게 꾸준히 콜라주를 잉태하며 일산 백석동에 나의 공간을 마련하고 콜라주를 전시해두기 시작했는데 이를 본 사람들이 내뱉는 단어가 있었다.

> 만다라(Mandala): 수행과 명상에 도움을 주는 기하학적 도형. 산스크리트어로는 '중심과 본질을 깨닫고 마음속에 참됨을 얻는 것'이라는 의미를 가지고 있다.

콜라주의 기본 형태를 보면 만다라와 똑같았고, 작업의 의미 또한 명상적으로 일맥상통했다. 이런 개념을 알고 작업한 것은 아니었으나 설명하기 힘든, 모두가 느끼는 아름다움이 있듯이 형태나 행위 또한 존재하는구나 싶었다.

두 번째 건조화 작업인 '모빌' 또한 명상과도 같았다. 자연 소재를 다듬다 보면 버려지는 잎과 나뭇가지가 제법 나온다. 그것들을 버리기 전에 보관이 가능한 것들을 수집해두었고, 지금까지 보았던 시각 자료들이 무의식중에 어떻게 머릿속에서 구상이 되었는지 잎사귀를 하나씩 꿰어 매다는 형태가 그려졌다. 경쾌하고 유쾌한 분위기를 더하기 위해 실로 술 장식을 직접 제작하여 갖가지 잎사귀와 비즈들을 실로 꿰었고 지금의 모빌의 모습을 갖추게 되었다. 작은 소재들을 하나씩 실로 꿰는 행위를 통해 삶의 지난 과거들을 하나씩 곱씹으며 정리해나가는 기분이었다. 그렇게 완성된 모빌을 허공에 매달아서 차분하게 돌아가는 모습을 보면 그렇게 마음이 편안할 수가 없다.

우연인 듯 아닌 듯 믹스뚜만의 색깔이 진하게 담긴 건조화 작업물이 나오게 되었고, 이를 '플로리스트'라는 단어로 설명하기엔 부족하다는 생각이 들었다. 그래서 나는 '자연공예가'라는 말로 스스로를 소개하기 시작했다.

어디서도 볼 수 없고, 내 손에서 놓고 싶지 않은 자연 공예 작업이다. 그렇다고 생화 작업이 아무 감흥이 없고 싫은 것은 아니다. 물기를 머금고 생기를 발산하는 생화만이 가진 그 특징을 마주하고 다루는 작업 또한 행복하다. 그저 상품이라는 틀 안에서 작업을 해야 하니 답답함을 느끼는 경우가 많았다. 더불어 나의 개인적인 취향이 담긴 자연 소재들로 구성된 꽃다발은 대중적이지 않아서, '나는 김민지가 아니다'라고 되뇌며 유체 이탈을 하듯 만들어내는 작업물에 아쉬움이 많이 남았었다(다행이고 감사하게도 믹스뚜로 버틴 시간이 제법 길어지긴 했는지 나의 개인적인 취향과 비슷한 니즈를 가진 손님들을 점점 더 자주 만나고 있다).

순수한 나를 마구 표출할 수 있는 건조화 작업만 하고 생화를 과감하게 접어 명확한 방향과 정체성을 잡는 것도 고려해보았다. 믹스뚜를 설명할 때마다 플로리스트이자 자연공예가라며 소개를 하고, 하는 작업들에 대해 설명할 때마다 손님들이 난해하게 받아들이는 상황을 마주해야 했다. 처음 들어보는 애매한 색깔의 미스터리한 믹스뚜인 것이다. 그러다 문득 그 미스터리함을 믹스뚜의 방향과 이미지로 잡아야겠구나 싶었다.

첫 번째, 믹스뚜를 누가 지속적으로 후원해주는 것도 아닌데 순수 작가(자연공예가)로서 돈을 벌어야 하는 상황보단 자영업자로서 꽃다발과 같은 상품을 만들어 팔 수 있는 위치가 어쩌면 굉장히 감사했다.

두 번째, 건조화를 재료로 사용하기 위해선 결국 생화를 꾸준히 다채롭게 구매해 관찰하며 작업을 위한 정보를 쌓을 수밖에 없다. 결국 생화와 건조화 작업은 상호 보완이 되며 공존할 수밖에 없었다. 이 둘을 함께 가져가며 균형을 찾아가는 것이 믹스뚜의 숙제이자 방향성임을 깨달았다. 이 사실을 깨달은 이후로는 나를 플로리스트이자 자연공예가라고 스스로를 소개하는 것에 마음이 편해지고 당당해졌다. 나를 있는 그대로 받아들이기 시작한 것이다.

그렇게 마음을 먹으니 안정감이 오고, 요즘 세상이 보이기 시작했다. 연예인들만 봐도 가수지만 뮤지컬을 하고, 모델이지만 영화를 찍고, 배우지만 감독을, 음악인이 책을 내거나 그림을 그리기도 하지 않던가. 게다가 SNS를 통해 두 가지 일을 병행하거나 전혀 다른 업종으로 바꿔 제2의 인생을 사는 일반 사람들도 많이 볼 수 있다.

'목숨 다섯 개를 꿈꾸던 열여섯 살 김민지는 이제 원한다면 직업 다섯 개를 가질 수 있는 세상과 시대에 살고 있는 것이다.'

더불어 꼭 업으로 삼지 않아도 자신의 취미와 재능을 SNS와 유튜브 등 많은 채널들을 통해 표출하고 사람들과 공유할 수 있다. 결국 이런 흐름은 세상이 원하는 '인간상'을 말해준다고 생각한다. 한 사람이 다양한 역할을 하고, 다채로운 색깔을 보여주기를 원하는 것이다. 이런 요즘 세상이 보이니 나를 맘껏 풀어헤쳐야겠다는 생각이 들었다. 자연 이외에도 중구난방 취향의 넘치는 관심사에 지치는 때가 허다한 김민지 아니었던가.

'나는 왜 이렇게 피곤하게 태어난 거지?'

'그릇이 큰 사람도 아닌 것 같은데 왜 이렇게 탐욕스럽게 많은 것에 호기심이 생기는 걸까?'

이런 점이 나의 단점이라고 생각했다. 꽃 하는 사람처럼 보이지 않는 것이 개선해야 하는 점이라고 생각했다면 이제는 차별화가 되는, 믹스뚜의 장점으로 보였다. 자연을 도구로 시각적인 작업을 하는 사람이지만 중구난방의 관심사를 감추지 않으며 '미스터리하고도 오묘한' 색깔을 그대로 표출하는 것이다. 이런 색깔을 만들어주는 나의 관심사는 '음악, 무용, 사진, 김밥, 샐러드, 커피, 술, 바느질, 책, 요가, 싱잉볼, 먹, 도자기, 산책 그리고 사람'.

다양한 관심사에 맘 편히 집중하다 보니 이와 관련된 여러 사람들과 연결되기 시작했다. 이들이 생화나 건조화 작업물을 구매하는 고객이 되기도 했지만 믹스뚜의 한계를 깨는 '구원자'이기도 했다. 다채로운 작업에 대한 열린 가능성들을 보여준 것이다. 콜라주와 모빌 전시장에서 요가 수업과 싱잉볼 연주가 함께 진행되고, 초록색의 술 압생트에서 영감을 얻은 '초록의 시간' 수업과 와인을 마시며 이끼 테라리움을 만들어보는 수업까지. 맘껏 상상하며 기획자가 설렐 수 있는 시간을 꾸릴 수 있는 기회를 갖게 되었다.

우리는 습관적으로 '장점'과 '단점'을 구분 짓는다. 하지만 이 둘은 결국 관점의 차이로 구분되어버린 하나의 특징일 뿐이다. 그런 특징을 어떻게 바라보고 또 활용할지는 결국 스스로에게 달린 것이다.

'음악'이 부수는 작업의 경계

나의 손으로 무언가를 만드는 것 이외에 어릴 적부터 꾸준히 좋아해온 것이 '음악'이다. 중학생 때는 노래방에서 친구들과 네다섯 시간 동안 노래 부르는 것을 좋아했고, 고등학생 때는 림프 비즈킷(Limp Bizkit)의 음악을 들으며 수학 문제를 신나게 풀다 갑자기 바이올린 소리에 빠지기도 했다. 요동치는 감정을 따라 하루에도 수십 번 듣는 음악의 장르가 바뀌는 아이였다(물론 지금도 그렇다). 그러다 대학생 때 깨달았다.

'아, 나는 음악 없이 살 수 없는 사람이구나!'

음악은 내게 어떤 존재든 되어주는 '모든 것'이다. 어느 날은 가족이고 친구이며, 애인이자 물방울이며, 대지이자 초콜릿이다. 그 정도로 일상과 삶에서 많은 비중을 차지하는 음악은 작업을 할 때도 아주 중요한 요소다. 내가 온전히 작업에 집중할 수 있는 분위기를 만들어준다. 그날의 감정선에 맞는 음악을 찾지 못하면 작업을 시작할 수 없는 정도다. 그래서 그날 꽂힌 한 곡을 작업하는 몇 시간 동안, 또는 며칠 동안 들으며 일상의 순간을 음악으로 꽉꽉 채운다. 여전히 미스터리하다. 소리라는 것, 음악이라는 것이 어떻게 내 안으로 파고들어 감정을 건드리며 날 조종하는지.

 이런 정체불명의 거부할 수 없는 음악과 연관된 꽃 작업을 꼭! 해야겠다고 계속 꿈꿔왔다. 음악에서 영감을 얻은 시각적인 작업이라든지, 음악인들과 함께하는 자리를 마련하고 싶다는 등의 열망이 무의식중에 계속 살아 숨 쉬고 있었는지 어느 순간 주위에 음악과 연관된 사람들이 많아져 있었다.

 믹스뚜를 일산 백석동에 마련한 지 얼마 되지 않았을 때, 파주 카페 '루버윌'을 알게 되었다. 독특한 카페 건물, 맛있는 커피와 공간을 노니는 고양이, 음악에 조예가 깊으신 대표님까지 계시니 매력적일 수밖에 없는 공간이었다. 가끔 한가한 시간대에 카페에 가면 내가 좋아할 만한 CD들을 꺼내 소개해주셨고, 카페에서 음악 연주회가 있던 때는 따로 꽃 센터피스까지 주문해주시며 초대해주셨다. 하루는 클래식 기타 동호회 분들을 소개도 해주셨는데 이분들과도 인연이 되어 믹스뚜 1주년 행사를 황홀한 클래식 기타 연주로 채울 수 있었다. 믹스뚜에 놓인 커다란 테이블에 20여 명의 사람들이 둘러 앉아 편하게 먹고 마시는 와중 한쪽에서 흘러나오던 기타 소리를 아직도 잊을 수 없다.

 그러던 중, 음악 관련된 작업에 나의 손길이 직접 닿을 수 있는 기회가 오기 시작했다. 무용을 하며 극단에 들어갔지만 지금은 사진과 영상 작업을 하는 '필름바우쉬(Filmbaush)'를 운영하고 있는 친구를 통해서였다. 댄스 필름을 촬영할 때 꽃 작업이 필요하다며 내게 연락을 주었고, 이 작업은 믹스뚜 공간에 앉아 꽃다발을 만드는 것과는 다른 차원 작업이었다. 유독 흥분되었던 이유는 꽃 센터피스 디자인을 구상할 때 댄스 필름에 사용하는 곡을 영감

으로 하는 과정 때문이었다. 한 곡을 반복해서 계속 들으며 연상되는 감정이나 시각 정보들을 수집하고, 자연 소재들과 연결 지어 디자인을 완성하는 작업이 너무나 황홀했고 마치 꿈을 꾸는 것 같았다. 더불어 영상 안의 그림을 완성하기 위해 소품들을 준비하고 배치하는 것은 꽃으로만 작업하던 평소와 다른 색깔의 희열을 안겨주었다. 두 편의 댄스 필름에 쓰일 음악은 거문고 연주자 황진아 님의 자작곡 〈새벽〉과 〈검은 숲〉이었고, 그렇게 진아 님과도 인연이 닿게 되었다.

가야금도 아니고 거문고라니. 낯설지만 이상하게 든든하고 편안한 소리의 악기였다. 진아 님에게 거문고에 대한 이야기를 듣다 보면 소름이 돋을 정도로 흥미로운 부분들이 많았고, 순간 이런 것들을 사람들과 나누고 싶단 생각이 들었다. 그렇게 기획된 것이 바로 믹스뚜 커넥션, '거문고 황진아&자연공예가 김민지의 토크 콘서트'였다. 황진아 님은 거문고와 풍류 문화에 대한 이야기와 함께 연주를 해주셨고, 자연공예가인 나는 거문고의 어원(거문고 소리를 듣고 검은 학이 날아왔다는)을 영감으로 검은 학과 같은 자연 키네틱(kinetic) 오브제를 허공에 띄웠다(이후로도 다양한 아티스트들과 협업하며 특별한 자리 '믹스뚜 커넥션'을 이어오고 있다).

그리고 신비롭게 또 다른 거문고 연주자 심은용 님과도 인연이 닿았다. 나는 2022년 일산 카페 '포쉬(Posh)'에서 콜라주와 모빌로 개인전을 열었고, 전시 중 나올 음악 리스트를 직접 만들어 틀었다. 이때 리스트에는 심은용 님의 〈불면〉이란 곡이 들어 있었고, 당시 심은용 님은 모빌을 영감으로 곡 작업을 하고 계신 때였다. 이런 우연이자 운명을 인스타그램을 통해 알게 되었고, 은용 님의 영광스러운 제안으로 나는 완전히 새로운 도전을 하게 되었다.

바로 내가 직접 무대 위에 올라가는 것이었다. 어릴 적부터 소리와 움직임에 관심이 많았던 나는 '언젠가는 내가 직접 행위 예술을 해볼 수 있을까?' 막연히 상상해보곤 했다(너무 뜬금없고 쑥스러워서 아무에게도 말하지 않았다). 작업실에서 혼자 자연 소재를 다듬다 보면 반복되는 몸의 움직임으로 인해 생기는 리듬과 소리가 흥미롭게 다가왔고, 이를 언젠가는 또 다른 나의 작업으로 풀어도 좋겠다는 막연한 꿈을 꾸고 있었다. 그런데 생각지도 못한 시기와 인연으로 인해 첫 시도를 해볼 수 있는 기회가 온 것이다.

공연은 강남의 '꼬레오(Coreo)'라는 카페에서 이루어졌고(모델과 무용수 에이전시이자 댄스 아카데미를 운영하는 곳이다), 첫 번째와 두 번째 공연은 거문고 연주자 은용 님과 즉흥 무용수 바리님이, 세 번째 공연은 두 분과 내가 함께 만들어가는 것이었다. 자연공예라는 정체성은 분명히 하고 싶었기 때문에 나뭇가지로 만든 구름 형태의 오브제를 허공에 설치해두고 공연 중엔 갖가지 마른 자연 소재들을 이용해 소리를 만들었다. 그리고 큰 사이즈로 제작한 모빌을 자유롭게 들고 다니다 구름 오브제에 걸고, 그 과정에는 움직이는 바리 님과 소리를 만들어내는 은용 님이 함께하는 즉흥 무대였다. 즉흥 무대 특성상, 서로의 위치와 공연 시간만 맞출 뿐 어떠한 리허설도 있을 수가 없었다. 그래서 더 어안이 벙벙한 채로 그저 두 분을 믿으며 내가 무대에 몰입할 수 있기만을 바랐다. 타고난 성격 자체가 내성적이고, 사람들의 주목을 받는 것을 즐기지 못하기에 더 걱정이 되었던 것이다.

'공연 중에 내가 집중을 못해서 흐름을 방해하면 어쩌지?'

이런저런 생각이 들 때 은용 님의 한마디가 나를 다시 편안하게 만들어주었다.

"민지 씨. 하고 싶은 거 다 하면 돼요."

말 그대로 공연 중에 가만히 누워 있어도, 문밖을 나가도 아무 문제가 되지 않으며, 틀린 것은 없다고. 모든 것이 무대 위에서 공연이 되는 '즉흥 무대'의 성격과 존재하지 않는 듯 존재하는 울타리에 대해 설명해주셨다. 그렇게 두 분과 나를 믿으며 2회의 즉흥 무대를 했고, 전혀 다른 두 가지의 공연과 새로운 느낌을 경험한 채 2024년 연말을 마무리했다.

지금까지 하던 작업의 틀에서 과감히 벗어난 경험이었다. '자연 소재'라는 익숙한 나의 도구는 변함이 없었지만 전혀 다른 '표현의 방식'이었다. 그리고 흐르는 시간 속에서 나라는 사람까지 표현의 도구로 사용하며 공연을 했다는 것은 너무나 잊지 못할 도전이자 모험이었다. 앞으로도 음악과 함께 내가 만들어둔 경계를 과감히 무너뜨리는 새로운 영역을 발견하고 싶다.

미지의 작업 그리고 다양성

일산 백석동에 공간을 마련한 것이 2018년 11월. 그사이 영화 같았던 코로나19 시기까지 보내고 어느새 6년을 넘어섰다. 하지만 믹스뚜 인스타그램을 보고 이렇게 말하시는 분이 여전히 많다.
"뭐 하시는 분이세요…?"

피드를 가만히 보고 있으면 이해가 되는 말이기도 했다. 관심사가 많다 보니 생화나 건조화 작업뿐만 아니라 도시락으로 싸오는 김밥과 샐러드, 매달 열리는 독서 모임, 함께 영화를 보고 이야기를 나누는 시간, 자연 오브제와 함께 사진 또는 댄스 필름 작업, 그리고 다른 분야에 있는 전문가들을 모시고 만들어가는 이벤트까지. 내가 봐도 '꽃집'으로만 보기에는 힘들었다.

이런 다채로운 색깔들이 내게는 자연스러운 것이었다. 출근하기 전 냉장고를 열어 있는 재료들로 김밥을 싸는 것은 그저 먹을 수 있는 자연 소재들을 섞어 하나의 음식을 만드는 작업이고, 다양한 사람들을 또 다른 사람들에게 소개하며 각자의 우주를 공유하는 것 자체도 'Mix', 서로 겹치고 스쳐 지나가며 섞이는 작업 과정인 것이다.

'믹스뚜(MixTouT)'라는 이름을 지을 때부터 생각하던 방향성이자 색깔이었다. 나라는 사람은 새로운 것을 발견하고 창조하기 위해 태어난, 다양성 자체가 삶의 원동력인 사람이니 말이다. 더불어 다양성이란 것이 다른 사람들에게도 중요한 요소일지 모른다는 생각을 하게 되었다.

어느 분야든 오랜 시간 생존하기 위해서는 다른 곳에는 없는 나만의 것이 있어야 한다. 타인과 내가 다른 것은 너무나 자연스러운 것이나 다양성보다는 보편성, 다수가 좋아하는 것이 돈이 되는 한국의 특성상 나만의 색깔을 버리기 쉽다. 유행을 쫓는 것이 짧게 본다면 큰 수익을 낼 수 있으나 길게 본다면 수명이 길지 않고, 또 다른 유행을 찾아 사업을 자주 바꿔야 한다. 사업 종목마다 각기 다른 방향성이 있지만 꽃과 같은 디자인 관련은 차별화, 자신만의 개성이 생존에 필수라고 생각한다. 물론 여기서 어려운 지점은 자신만의 색깔을 녹여내는 보편성을 가진 상품 및 작업 또한 필요하다는 것이다. 수익을 내야 사업을 운영할 수 있으니까.

그리고 이 다름은 삶에서도 중요한 요소라고 생각한다. 나는 20대에 또래 친구들보다 다양한 삶의 모습을 본 편이었다. 그러다 보니 스스로 인지하지 못한 채 삶에 대한 유연성과 회복력을 높여온 것이다. A라는 도전이 실패해도, B라는 길이, 그리고 C나 D와 같은 다양한 선택들이 있음을 알기에 쉽게 좌절하지 않고 계속 다른 도전을 이어갈 수 있었다. 죽기 전까지 한 치 앞을 알 수 없는 게 인생이지 않던가? 결국 어떤 상황이 와도 최대한 침착하게 대응할 수 있는 힘을 키우는 게 중요하다.

심지어 농작물의 세계에서도 다양성은 생존 방식이다. 제2차세계대전 이후 식량 부족을 해결하기 위해 산업적 농업으로 바뀌었고, 이때부터 생산성이 높은 작물에 집중되면서 종자의 다양성이 파괴되었다. 소수의 종자만이 생태계에 남게 되었고, 이는 여러 질병으로부터의 생존 확률이 급격히 낮아지는 결과를 초래했다. 다양성은 생각보다 많은 영역에서 '지혜'이자 '생존'과 연결된 개념인 것이다.

나는 결국 자연을 통해 삶의 다양성을 말하고 싶은 걸지도 모르겠다. '믹스뚜'라는 공간에서 다채로운 작업과 흐름, 순환이 일어나길 바라며, 이는 다양한 사람들과의 교류를 통해 이루어질 수 있다. 우리는 홀로 살아갈 수 없다. 공존해야만 생존할 수 있고, 조화로운 공존을 위해서는 나와 다른 네가 있어야 한다. 우리는 다르게 태어났고, 달라야만 한다. 그것이 우리의 존재 이유이자 생존 방식인 것이다. 그리고 '믹스뚜'는 자연 속에서 미지의 작업을 이어가며 다양성의 일부로 존재하고 싶다.

우리는 다르게 태어났고, 달라야만 한다.
그것이 우리의 존재 이유이자
생존 방식인 것이다.

그리고 '믹스뚜'는 자연 속에서
미지의 작업을 이어가며
다양성의 일부로 존재하고 싶다.

에필로그

한 친구가 제게 이런 말을 한 적이 있습니다.
"너는 현실과 이상을 구분 짓지 못하는 거 같아."

그때 생각했습니다.
'현실과 이상이 왜 달라야 하는데?'

네, 참으로 해맑은 저는 현실과 이상을 다른 거라고 생각한 적이 없었고, 하고 싶은 것이라면 다 해버리는 단순 무식한 의지와 감사한 환경 속에 있었습니다.

20대와 30대에는 수많은 시도와 경험 속에 저를 내던졌고, 그 과정을 지나오면서 공감받지 못하는 상황에서 오는 외로움도 분명히 있었죠.

'분명 이 경험들이 나만의 재산이 될 거야.'

이렇게 생각하며 그 순간들을 버텼습니다. 물론 그 경험들이 쌓여 책의 재료가 될 거라고는 상상해본 적도 없었는데, 이런 날이 오다니 진짜 큰 재산이 되었구나 싶습니다.

   김민지라는 사람, 믹스뚜(MixTouT)라는 브랜드는 여전히 위태로운 항해를 하고 있습니다. 그렇지만 단 한 번도 불행한 삶을 산다고 생각한 적 없이, 감사한 것이 일상에 가득함을 느끼며 살고 있습니다.

   이런 풍만한 일상을 만들어주고 있는 지인들, 책이라는 세상 안에 김민지를 담아낼 수 있게 해준 저녁달 출판사, 그리고 자유와 사랑이 공존하는 울타리가 무엇인지 알려주며 이런 삶을 살게 해준 부모님과 동생에게 감사 인사를 전합니다.

일산 작업실에서
믹스뚜(김민지)

다르고 이상하고 아름다운

초판 1쇄 인쇄 2025년 8월 30일
초판 1쇄 발행 2025년 9월 10일

지 은 이   믹스뚜(김민지)
발 행 인   정수동
편 집 주 간   이남경
책 임 편 집   김유진

발 행 처   저녁달
출 판 등 록   2017년 1월 17일 제2017-000009호
주   소   경기도 파주시 문발로 142 니은빌딩 304호
전   화   02-599-0625
팩   스   02-6442-4625
이 메 일   book@mongsangso.com
인스타그램   @eveningmoon_book
유 튜 브   몽상소

I S B N   979-11-89217-76-1   03810

ⓒ 믹스뚜(김민지), 2025

* 저작권법에 의해 보호를 받는 저작물이므로 무단전재와 무단복제를 금합니다.
* 잘못 만들어진 책은 구입하신 서점에서 교환해드립니다.